W0367306

ERHARD FUCKE

Der Bildungswert praktischer Arbeit

ERHARD FUCKE

Der Bildungswert praktischer Arbeit

Gedanken zu einer Lebensschule

VERLAG FREIES GEISTESLEBEN

Die Deutsche Bibliothek – CIP-Einheitsaufnahme

Fucke, Erhard:

Der Bildungswert praktischer Arbeit: Gedanken zu einer Lebensschule / Erhard Fucke. – Stuttgart: Verl. Freies Geistesleben, 1996

ISBN 3-7725-1609-2

© 1996 Verlag Freies Geistesleben GmbH, Stuttgart
Einband: Walter Schneider unter Verwendung einer Fotografie von Peter Wenger
Druck: WB-Druck, Rieden

Inhalt

Vorwort

Diese Darstellung ist aus der Beschäftigung mit den Grundlagen der Waldorfpädagogik entstanden. Auch basiert sie größtenteils auf Erfahrungen, die an Waldorfschulen gesammelt wurden. Anlaß, sie zu schreiben, war der Wunsch einiger Leser des Buches *Grundlinien einer Pädagogik des Jugendalters,* ausführlicher über die dort erwähnten Gedanken zur erzieherischen Wirkung berufsorientierter Arbeit informiert zu werden.

Der Autor bemüht sich um Kürze; um die Grundgedanken überschaubar zu machen, wird vieles vernachlässigt, was zur Illustration der Überlegungen hätte herangezogen werden können. Auch werden die Gesichtspunkte, die zum Verständnis der pädagogischen Wirkung von Arbeit zusammengetragen werden, keineswegs ausdiskutiert. Nicht eine wissenschaftliche Auseinandersetzung mit dem Thema wurde angestrebt, sondern ein Orientierungsrahmen für denjenigen, den das Thema für seine Lehrertätigkeit interessiert. So ist ein Essay entstanden. Dieser möchte weniger abschließende Erkenntnisse vermitteln, als den Leser zum eigenständigen entdeckenden Lernen anregen.

Wurde in den *Grundlinien* noch stark auf Begriffe der anthroposophischen Menschenkunde Bezug genommen, so treten sie in dieser Darstellung in den Hintergrund. Sie geht von jedermann zugänglichen Beobachtungen aus. Diese werden so geordnet, daß sie sich wechselseitig beleuchten, so daß ein Bild von der erzieherischen Bedeutung der Arbeit entsteht. Ich hoffe und wünsche mir, daß der Leser selbst angeregt wird, das Thema anhand eigener Beobachtungen weiter zu verfolgen. Nur im Nachwort wird auf Grundintentionen der Pädagogik Rudolf Steiners zurückgegriffen.

Auf eine Tatsache sei jedoch vorab ausdrücklich hingewiesen. Der

Rahmen, in dem diese Untersuchungen durchgeführt wurden, war der Einsatz berufsorientierter Arbeit in Verbindung mit einer parallelen schulischen Ausbildung. Die erzieherischen Wirkungen von Arbeit beschränken sich aber nicht auf dieses Lebensalter. Sie gelten auch für den Erwachsenen. Nur werden sie heute noch durch die Arbeitsorganisation, die ganz andere Ziele verfolgt, eingeschränkt, wenn nicht gar aufgehoben. Das genau zu verfolgen, erforderte aber eine gesonderte Darstellung.

Einleitung

Zu Beginn der Neuzeit wurde Bildung durch praktische, berufsorientierte Tätigkeit erworben. Man lernte, indem man Dinge tat. Das Getane wurde dann reflektiert, durchdacht. So hatte das Lernen einen unmittelbaren Bezug zum Leben, es war lebensgesättigt.

Dürer zum Beispiel ging in keine Schule, er trat in die Werkstatt des Meisters Wohlgemut ein. Dort lernte er in allen Einzelheiten, wie man ein Bild herstellt. Vormachen – Nachmachen war damals eine Methode des Unterrichts an Dingen, die für das praktische Leben gebraucht wurden. Beherrschte der Geselle das, was der Meister konnte, so ging er auf Wanderschaft, um Neues zu lernen. Konnte ein Geselle durch Meister nichts Neues erfahren, fing er selbst zu experimentieren an. Er übte das entdeckende Lernen und belehrte so sich selbst.

Wir beobachten in diesem Lernprozeß drei Elemente:

- Er vollzog sich im Rahmen des praktischen Lebens. Das Bild, der Schrank, der Schuh waren bestellt. Die Auftraggeber brauchten die Gegenstände.
- Man erwarb tätig jene Fähigkeiten und Kenntnisse, welche die Zeitgenossen sich vorher erworben hatten. Der Wille war Grundlage der eigenen Lernbemühung.
- War man auf dem Stande der Zeit, belehrte man sich selbst, indem man experimentierte und auf Entdeckungen ausging.

Dürer war auf zwei Fähigkeiten stolz. Er konnte mit freier Hand einen Kreis zeichnen, welcher der Nachprüfung durch den Zirkel standhielt. Er konnte von sich sagen: Ich beherrsche meine Hand. Er erlebte durch diese Fähigkeit ein Stück Menschenwürde. Und er war stolz, daß er – wie er sich ausdrückte – unabhängig von den «Welschen» (den Italienern) die Gesetze der Perspektive gefunden hatte. Es war damals eine besondere Fähigkeit, die Gesetze der Perspektive handhaben zu können. Diese Erkenntnis stärkte sein Selbstbewußtsein. Damit wußte er aus eigener Erfahrung, daß menschliche Entwicklung möglich ist.

Zur damaligen Zeit wurden fast alle Menschen so erzogen wie Dürer. Die Erziehung im und mit dem praktischen Leben war damals die Regel. Daneben gab es einen seltenen, für die damalige Zeit atypischen Weg: die Klosterschule, die nur wenige, vom Klerus ausgewählte Jugendliche besuchten.

Dazu gesellte sich die aufstrebende «humanistische» Schule. Ihre Wurzeln gehen auf Cicero zurück. Er beschrieb vor über zweitausend Jahren *humanitas* als feinere Bildung des Geistes. Diese sei aber nur zu erlangen, indem man sich mit den Werken der großen griechischen Dichter und Denker vertraut mache. 1396 wurde durch den Griechen Arysoloras in Florenz die erste Schule im Geiste Ciceros gegründet. Melanchthons Schulplan von 1528 griff dieses Ideal auf. Er etablierte damit gleichzeitig die Vorstellung von «höherer» Bildung in Deutschland.

Es wird fortan also zwischen niederer und höherer Bildung unterschieden. Diese Unterscheidung lebt bis heute noch in den Vorstellungen der Verantwortlichen für Erziehung, ebenso in den Vorstellungen der Eltern. Und da – was verständlich ist – fast alle Eltern ihren Kindern eine «höhere» Bildung angedeihen lassen wollen, ist der Ansturm auf das, was heute Gymnasium an Bildung anbietet, ungebrochen, ja er hat sich in den letzten Jahrzehnten verstärkt. Neben der humanistischen Schule und der Schule durch das Handwerk, die keine reguläre Schule war, sondern eine Lebensschule, können wir aus heutiger Sicht für die damalige Zeit noch einen Bildungsnotstand konstatieren. Er betrifft die große Masse der Landbevölkerung. Deren Lebensschule verlief in den sehr engen Grenzen der Leibeigenschaft. An dem Bildungsnotstand änderte sich auch nichts, als ein großer Teil der Landbevölkerung die Arbeit auf dem Acker mit der in den Maschinensälen der Fabriken tauschte und zum Proletariat wurde. Die Führer der Arbeiterbewegung haben diese immer artikuliert und (z.B. mit den Arbeiterbildungsschulen) auf Abhilfe gesonnen.

Der Grund für den Bildungsnotstand liegt in einem Versagen des Geisteslebens zur Zeit der industriellen Revolution. In dieser Revolution wird etwas völlig Neues in die Kultur der Menschheit eingeführt: die durch Wasser-/Dampfkraft angetriebene Maschine. Sie ist eine rühmenswerte Leistung des menschlichen Geistes. Sie verändert alle bisherigen Produktionsformen. Durch sie entsteht – über die Wirtschaftsform der Manufaktur hinaus – die Fabrik, die durch Zusammenwirken vieler Menschen ein Produkt herstellt. Dieses soziale Phänomen wird durch das Geistesleben nicht mit neuen Formen des Rechts bewältigt. Eigentlich wird in diesem Produktionszusammenhang jeder Mitarbeiter gebraucht, damit die Produktion aufrechterhalten werden kann. Gewiß besitzen die dafür eingebrachten Fähigkeiten unterschiedliche Wertigkeiten. Dennoch sind alle Mitarbeiter für die Herstellung des Produkts notwendig. Alle Mitarbeiter sind also auch real an der Schaffung des sogenannten Mehrwerts, der durch die Veredelung der Stoffe erzielt wird, beteiligt. Das hätte zu neuen Rechtsformen der Verteilung des Gewinns führen müssen. Statt dessen wird die neue Schöpferkraft auf technischem Felde in ihren sozialen Folgen mit alten Begriffen «bewältigt». Der, welcher die erste Investition der Produktionsmittel tätigt, wird zum alleinigen Eigentümer aller Gewinne. Er bestimmt ferner die Höhe der Entlohnung aller Mitarbeiter. Damit wächst ihm die alleinige Entscheidungsgewalt in allen wirtschaftlichen und sozialen Fragen der Arbeitsgemeinschaft Betrieb zu. Eine der daraus resultierenden Folgen ist die Anschauung, daß der Mitarbeiter seine Arbeitskraft an den Fabrikherrn als Ware verkauft und für sie eine entsprechende Entlohnung (d.h. einen Warenpreis) erhält. Es ist hier nicht der Ort, die Unhaltbarkeit des Urteils: Arbeit ist gleich Ware zu diskutieren. Wohl aber sind die offenkundigen Folgen dieses Fehlurteils für die Pädagogik ins Auge zu fassen. Sie etablieren die alten vordemokratischen Machtverhältnisse von Herrschern und Untergebenen im Anbruch einer neuen Zeit. Das wird von heutigen Bildungsforschern wie Edding erkannt, obwohl dieser den Grund für die mindere Anerkennung von beruflicher Arbeit in der Arbeitsteilung sieht. Die Arbeitsteilung, also das Organisationsprinzip von Arbeit, die zur Einsparung von Arbeit führt und damit die Herstellungskosten senkt, die sich im billigeren Preis der Ware niederschlagen können, ist nicht das eigentliche Übel. Sie ist im Gegenteil eine herausragende geistige Leistung, die genauso ökonomischen Fortschritt einleitet wie alle Erfindungen zur Zeit der industriellen Revolution und danach. Das Übel wird durch die alten Rechtsverhältnisse geschaffen, die man gewissermaßen fortrollen läßt, anstatt sie durch neue, der Entwicklung angemessene Rechtsvorstellungen zu ersetzen. Trotzdem kann man Edding voll zustimmen, wenn er sagt: «Die Berufsbildung trägt an der schweren Belastung aus dem vorigen Jahrhundert, wo berufliche Bildung als die Bildung der Beherrschten und die allgemeine Bildung als Bildung der Herrscher galt» (*Die Zeit,* Nr. 15, 1994, S. 42).

Ein Aspekt der sozialen Frage, die aus der Auseinandersetzung des Bürgertums mit dem Proletariat entstand, war, daß zwei durch völlig unterschiedliche Bildung geprägte Formen des Bewußtseins aufeinanderprallten. Diejenigen, welche Fabriken zu leiten hatten, konnten aus ihrer humanistischen Bildung keine fruchtbaren Gedanken zur Lösung der sozialen Frage finden, denn diese Bildung war von Grund auf elitär. Bei so großen Geistern wie Plato und Aristoteles stand fest, daß der Sklave dem Freien die Arbeit abnahm, damit dieser sich der Ausbildung des Geisteslebens widmen konnte. Schon diese Anschauung enthielt das Urteil, daß berufliche Arbeit «minderwertig» sei. Sie wirkte in der humanistischen Schule essentiell fort.

Die humanistische Schule wurde zwar nicht widerspruchslos hingenommen. Der Kirche war sie zu «heidnisch». Aus der Kritik Pestalozzis (und anderer) entwickelte sich eine Schule, die Stätte «realer» Bildung werden wollte. Die Hinwendung zu einer vergangenen Kulturepoche und «toten» Sprachen sollte durch Realien abgelöst werden, also Unterrichtsinhalte, die für das Verständnis der Zeit, in der die Jugendlichen lebten, wichtig waren. Die Realschule brachte zwar neue Bildungsinhalte, in der Methodik und Didaktik aber blieb es bei einer verbalen Vermittlung der Lehrinhalte wie im Gymnasium. Was für das humanistische Gymnasium unumgänglich war, nämlich eine vergangene Kultur durch das Wort (und das Buch) zu reaktivieren, damit diese Kultur innere Anschauung werden konnte, wurde von der Realschule durchgängig übernommen. Dieses verbale Erbe der humanistischen Schule setzte sich auch in der Realschule fort. Ihren Schöpfern entging die Chance, ihre Schüler auch tätig in das Verständnis der gegenwärtigen Kultur einzuführen. Nicht zuletzt der mit praktischer Tätigkeit verbundene Begriff der «niederen» Bildung verbaute eine grundlegende Reform.

Machen wir uns unvoreingenommen eine einfache Tatsache klar: Produktive Intelligenz und produktive Realisation durch Arbeit haben die gesamte Kultur und Zivilisation hervorgebracht. Die menschliche Produktivität ergießt sich in zwei Richtungen. Sie wendet sich einmal der Bildung von Gedanken zu. Ein andermal setzt sie diese Gedanken in die Erscheinungswelt um. Das sind zwei Seiten eines einheitlichen Vorgangs.

Jeder Mensch verkörpert bis in seine Gestalt hinein diese beiden Wirkensmöglichkeiten der Produktivität. Die Nerven-Sinnesorganisation bietet dem Menschen ein Instrument an, mit dessen Hilfe er Gedankenproduktivität entfalten kann. Sein Gliedmaßensystem gibt ihm die Möglichkeit, die Welt zu verändern. In der Arbeit werden Gedankentätigkeit und Gliedmaßentätigkeit zusammengeführt. Es gibt keine sinnvolle Arbeit, in der das nicht geschieht. Jede Berufsarbeit trägt diesen Charakter.

Erst durch die Arbeitsteilung wurden diese beiden produktiven Arbeitsweisen des Menschen voneinander getrennt, und zwar ohne daß man auf einen Ausgleich gesonnen hätte. Der in der Herstellung tätige Arbeiter wird dadurch ein Stück weit von der Gedankenproduktion, die jetzt bei der Arbeitsvorbereitung liegt, ausgeschlossen. Er übernimmt für seine Arbeit fremde Gedanken. Er muß sie aber weitgehend verstehen (sie sich also doch zu eigen machen), um den gelieferten Plan (Gedanken) sachgerecht umsetzen zu können. Insofern wird seine Arbeit nicht gedankenleer, aber sie wird im Vergleich mit der Gedankentätigkeit der Arbeitsvorbereitung reduziert. Die Arbeitsvorbereitung wird dagegen völlig von der ausführenden Arbeit befreit.

Das hat einschneidende Folgen:

- Da die Arbeitsvorbereitung Sinn und Funktion der Produkte vorgibt, wird sie höher bewertet als die Tätigkeit in der Herstellung. Das schlägt sich in einer höheren Entlohnung der in der Arbeitsvorbereitung Tätigen nieder.
- Durch diese Bewertung (und das größere Einkommen) trachten die Menschen danach, Ausbildungen zu durchlaufen, welche die Voraussetzungen für Berufe in der Arbeitsvorbereitung bieten.
- Die Ausbildung für Berufe der Produktion wird als «minderwertig» eingestuft. Man unterzieht sich ihr eben nur dann, wenn man in der höheren Bildung keine Chance hat. Man muß Edding zustimmen, daß diese Beurteilung die Ausbildung zu einem «Gliedmaßen-Beruf» als eine Bildung für die Beherrschten abstempelt.

In der gegenwärtigen wirtschaftlichen Krise kann man dagegen gerade bei den fortschrittlichsten Betrieben eine Neustrukturierung der Betriebsorganisation erleben, welche die strikte Arbeitsteilung ein Stück weit aufhebt. Beobachter sind erstaunt, welche Produktivität dabei von den in der Herstellung tätigen Arbeitern ausgeht, die zu wesentlichen Kosteneinsparungen in der Produktion führen. Wer sich die zwei Seiten der menschlichen Produktivität klargemacht hat, ist weniger überrascht. Es wird in den neuen Betriebsorganisationen etwas abgerufen, was bislang brachlag: die Gedankenarbeit des in der Herstellung tätigen Menschen. Freilich wird es noch lange Zeit dauern, bis die falschen Wertungen von Kopf- und Gliedmaßenarbeit so abgebaut worden sind, daß auch ihre sozialen Folgen und die aus ihnen resultierenden Handlungsmuster der Vergangenheit angehören.

Es gab immer wieder Ansätze, die Tradition einer durch das Wort bestimmten Lernschule zu durchbrechen. Die bedeutendsten Anregungen dazu finden wir in der sogenannten Reformpädagogik am Anfang unseres Jahrhunderts. Allgemeingut sind diese Bestrebungen jedoch nicht geworden, den Lernstil der Schulen konnten sie nicht grundlegend verändern. Die alte Kritik an der «verschulten Schule» ist auch auf die gegenwärtige Schule anwendbar.

Das humanistische Gymnasium alter Prägung ist zwar heute fast ausgestorben. Bereits 1972 waren an den deutschen Universitäten nur noch insgesamt 186 Studenten für das Fach Klassische Philologie eingeschrieben. Dennoch sind die Folgen der klassischen gymnasialen Bildung noch heute wirksam. Es scheint nach wie vor indiskutabel, der berufsorientierten Arbeit einen erzieherischen Wert für alle Jugendlichen beizumessen.

Diesen historischen Hintergrund sollte man bei der Lektüre des vorliegenden Buches im Bewußtsein haben. Es wird darin versucht zu begründen, daß jene Lebensschule, die Dürer am Beginn der Neuzeit durchlief, heute – bewußtseinsmäßig neu begründet und gehandhabt – ungemein aktuell ist. Natürlich sind die Lebensformen, in denen sich diese Bildung am Beginn der Neuzeit abspielte, nicht wiederholbar. Aber die berufsorientierte Arbeit ist als erzieherisches Mittel einer heutigen neuen Allgemeinbildung dringend gefordert.

Daß berufsorientierte Arbeit, soll sie als Bildungsmittel in die Schule wirklich integriert werden, viele Gewohnheiten heutiger

Schule in Frage stellt und ein recht beachtliches Umdenken erfordert, wird abschließend in aphoristischer Form abgehandelt. Vorher aber wird dargelegt, daß berufsorientierte Arbeit elementare Bedürfnisse des Jugendalters (und der Vorpubertät) befriedigt wie kaum ein anderer Lerninhalt. Bei seiner langen Beschäftigung mit diesem Thema hat der Autor erfahren, daß der mit praktischer Arbeit verbundene Begriff der «niederen» Bildung nach wie vor das Bewußtsein der meisten besetzt hält und damit das großartige Bildungsmittel Arbeit in seinem Einsatz blockiert. Selbst diejenigen, die seinen Bildungswert einsehen, schrecken vor einer konsequenten Einführung zurück. Sie erkennen, daß es mit einer zusätzlichen Aufnahme von Arbeit in den Lehrplan nicht getan ist, sondern daß Elemente der pädagogischen Begründung von Arbeit auch auf andere Lerninhalte angewendet werden müßten, wenn die Schule wirklich Lebensschule werden will. Die Lehrerbildung behandelt dieses Thema – wenn überhaupt – am Rande. So fühlen sich die Lehrer gegenüber den aufgeworfenen Fragen ziemlich hilflos. Die traditionellen Lehrpläne und das Muster, nach dem sie entstehen, sind ein weiteres Hindernis, eine Lebensschule in die Praxis umzusetzen. Das Umdenken müßte also bei vielen gesellschaftlichen Gruppen einsetzen, wenn die Lebensschule eine reale Chance haben soll.

Arbeit als Herausforderung und Chance, Selbsterziehung zu üben

Durch Arbeit ist die Erde verändert worden. Dies geschieht noch heute. Der Antrieb zu solcher Veränderung ist die Befriedigung menschlicher Bedürfnisse. Der Mensch möchte einerseits die Welt durchschauen, andererseits die Lebensverhältnisse nach seinen Intentionen gestalten, er möchte Geräte und Waren schaffen, die ihm das Leben erleichtern oder ihm Freude und Genuß bescheren.

Dieser immerwährende Umgestaltungsvorgang ist ein Beweis für seine Produktivkraft. Er ruht nicht, bis seine Ideen in der Welt umgesetzt sind. Verwirklichen aber kann er seine Ideen nur durch Arbeit.

Die Produktivkraft wendet sich zum Beispiel im Bereich der Wirtschaft der Naturgrundlage zu und bedient sich dieser. Sie entwirft Geräte und Maschinen, damit die Verwandlung der Naturgrundlage leichter getätigt werden kann. Und der Erfindungsgeist ruht nicht, sie immer weiter zu vervollkommnen. Was für Geräte und Maschinen zutrifft, gilt auch für die Produkte menschlicher Arbeit. Diese werden immer neu und immer besser nach menschlichen Bedürfnissen gestaltet. Auf diesem Wege ständiger Verbesserung ist kein Ende abzusehen. Dafür wird der größte Teil menschlicher Produktivkraft eingesetzt. So ist die Wirtschaft in der Neuzeit auch zu einem bestimmenden Faktor des sozialen Lebens geworden.

Indem eine Schule eigene Werkstätten betreibt oder mit Handwerksbetrieben kooperiert und ihre Schüler dort in Grundfertigkeiten einzelner Geräte unterweisen läßt, führt sie die Schüler in einen Lebensbereich ein, der unser gesellschaftliches Zusammenleben maßgeblich bestimmt. Diese Einführung geschieht nicht betrachtend (wie es den allgemein üblichen Verfahren der Schule entspricht), sondern *tätig*. Da Arbeit für die eigentlichen Veränderungen der Welt unter anderem im Bereich der Wirtschaft nötig ist, sollten die Umstände, unter denen sie sich vollzieht, von jedem Heranwachsenden exemplarisch *erfahren* werden. Solch ein Vorgehen kommt dem bekannten Erfahrungshunger der Schüler im Jugendalter entgegen. Ihr Drang, Urteile nur aufgrund eigener Erfahrungen zu bilden, kann so ebenfalls befriedigt werden.

Diese spezielle menschliche Produktivität an sich selbst zu erleben, müßte ein legitimes Recht jedes Heranwachsenden sein. Arbeit eröffnet ihm (wie wir noch sehen werden) exemplarische und wichtige Welterfahrungen und zusätzlich mannigfaltige Selbsterfahrungen.

Wir haben uns zunächst nur den Strom der Weltveränderung bewußt gemacht. Er hat seinen Ausgangspunkt im Menschen, genauer gesagt: in dessen Motiven. Sie entspringen den eigenen Bedürfnissen und den Bedürfnissen anderer Menschen. Die Bedürfnisbefriedigung ist das ursprüngliche Motiv für die Arbeitsbereitschaft. Sie wird durch Arbeit in konkrete Weltveränderung umgesetzt. Wir finden also einen Handlungsstrom, der vom Menschen auf die Welt gerichtet wird.

Dieser Handlungsstrom sagt noch nichts über die spezielle pädagogische Wirkung von Arbeit aus. Den Schüler in ihn eintauchen zu lassen, hätte seine pädagogische Rechtfertigung vorerst allein in der Tatsache, daß jeder Heranwachsende aus eigener Erfahrung kennenlernen sollte, was sich beim Arbeiten abspielt. Da der Jugendliche seine Umwelt kennenlernen muß, um sich in ihr vernünftig behausen zu können, sollte er auch auf diesem Felde eigene Erfahrungen sammeln, um zu selbständigen Urteilen über die Arbeit fortzuschreiten. Solche Erfahrungen werden am besten durch Teilnahme an elementaren Arbeitsprozessen gesammelt und nicht dadurch, daß diese verbal beschrieben werden.

Allein schon mit dieser Überlegung wäre eine beruflich orientierte Grundausbildung in exemplarisch ausgewählten Arbeitsfeldern pädagogisch begründet. Sie liefe auf originäre Erfahrung und selbständige Urteilsbildung auf einem wichtigen gesellschaftlichen Felde hinaus.

Wirkungen der Arbeit auf den Menschen – Das Üben von Fertigkeiten

Die viel weitergehenden pädagogischen Wirkungen der Arbeit werden einem erst bewußt, wenn man den Handlungsstrom auch umgekehrt reflektiert. Die Auseinandersetzung des Menschen mit der Naturgrundlage (Arbeit) geht nämlich nicht spurlos am Menschen vorbei. Sie wirkt auf ihn und sein Verhalten zurück. Sie fordert ihm Fertigkeiten ab, ohne die er seine Motive für die Weltveränderung nicht durchsetzen kann.

Die Materialien setzen der Bearbeitung Widerstand entgegen. Den Widerstand, der sehr unterschiedlich sein kann, zu überwinden kostet Kraft. Der Mensch muß seinen Körper in die Gewalt nehmen, um diese Kraft zu mobilisieren. Arbeit ist also immer mit Mühe verbunden, schwere körperliche Arbeit oft mit Mühsal. Jede Arbeit ermüdet denn auch.

Wer zwei unterschiedlich geübten Arbeitern bei der Arbeit zusieht, wird schnell feststellen, daß sie dem Geübten leicht (zumindest leichter) von der Hand geht. Während der Ungeübte gewissermaßen mit den zu bearbeitenden Gegenständen kämpft, überwindet der Geübte den Widerstand mit Geschicklichkeit leichter. Sein Krafteinsatz ist geringer. Der Arbeiter setzt gerade so viel Kraft bei der Arbeit ein, wie notwendig ist. Seine Geschicklichkeit aber resultiert aus der geübten Koordination der Bewegungen für die spezielle Arbeitsleistung.

Die Arbeitsleistungen beanspruchen den Bewegungsapparat (Knochen, Gelenke, Sehnen, Muskeln) in sehr verschiedener Weise. Schon der Anblick der Arbeiter in verschiedenen Gewerken zeigt das. Löten und Schmieden zum Beispiel fordern je andere körperliche Kräfte und Bewegungsabläufe. Doch man täusche sich nicht! Auch eine relativ «feine» Arbeit verlangt den Einsatz beziehungsweise die Koordination des gesamten Muskel- und Bewegungssystems. Richtiges Feilen und Hobeln, vor allem mit Armen und Händen durchgeführt, fordern zusätzlich einen bestimmten Stand, also den Einsatz der Beinarbeit. Jede Arbeit bedarf eines bestimmten Bewegungsablaufes, soll sie optimal beherrscht werden. Und der Widerstand des Materials «lehrt», mit welcher Bewegungsabfolge ihm am besten beizukommen ist. Der Beweger des Leibes aber ist das Geistig-Seelische des Menschen.

Lernen ist immer ein Verändern vorgefundener Gegebenheiten. In den üblichen Bewegungen finden wir Bewegungsformen vor, die noch nicht auf die Erfordernisse der Arbeit abgestimmt sind. Viele Menschen sind erst einmal wenig tauglich, manchmal sogar fast untauglich, eine spezielle Arbeit zu verrichten. Die Umstellung von den vertrauten Bewegungsformen auf jene, welche die Arbeit fordert, will nicht gelingen.

Die vorgegebenen Bewegungsformen sind andererseits für den Menschen außerordentlich charakteristisch. So erkennen wir manchmal einen Menschen schon an seinen Bewegungen, bevor wir ihn visuell in allen Details wahrnehmen. Jeder Mensch hat «seine» Bewegungen, setzt zum Beispiel die Füße auf seine Art auf, trägt den Kopf, gestikuliert mit den Händen auf unverwechselbare Weise. So kann er durch die ihn nachahmende Pantomime (auch wenn der Darsteller eine völlig andere Figur hat) treffend charakterisiert werden. Wer sich auf die verschiedenen individuellen Bewegungsarten eines Menschen einläßt, kann recht viel über dessen Befindlichkeit erfahren. Denn in der Art der Bewegung äußert sich bei jedem das Verhältnis des Geistig-Seelischen zur Organisation. Der Bedeutung, welche dieses Verhältnis für die Biographie des Menschen hat, werden wir in einem eigenen Kapitel noch besonders nachgehen. Hier soll vorläufig nur auf folgende Tatsachen hingewiesen werden:

- Es sind bei jedem Menschen für ihn typische Bewegungsformen zu beobachten. Sie sind vorgeprägt.
- Diese sind für berufliche Arbeit in den meisten Fällen nicht zu gebrauchen. Sie müssen in der Arbeit bewußt verändert (umgeschmolzen) werden.
- Die Neuformierung kann nur von jenem Zentrum ausgehen, das jede menschliche Bewegung impulsiert, nämlich vom Geistig-Seelischen. In besonderen Fällen mißlingt dieses Bemühen vorerst. Meist aber zeigt sich das Resultat des Übens in wachsender

Geschicklichkeit. Die neu erworbenen Fertigkeiten bekunden ein neu hergestelltes Verhältnis des Bewegers zu seiner Organisation.
- Die Fertigkeiten sind nur durch bewußtes, wiederholtes Üben zu erringen.

Wir haben damit eine erste Wirkung der Arbeit auf den Menschen konstatiert. Sie kann sich aber nur entfalten, wenn der Mensch die für seine Bedürfnisbefriedigung notwendige Arbeit «auf sich nimmt», das heißt sich dem Arbeitsprozeß «stellt». Dann erst nutzt er seine Produktivkraft bis zur Realisation dessen, was seine Bedürfnisse und seine Vorstellungen als wünschenswert aufgezeigt haben. Wir nennen einen solchen Menschen lebenstüchtig. Die Lebenstüchtigkeit zeigt sich in zwei Resultaten: Einerseits wird die Welt nach Maßgabe eigener Intentionen verändert. Andererseits verändert sich der Mensch in diesem Prozeß selbst, indem er neue Fertigkeiten erwirbt.

Bewegung und Biographie

Fern von jeder Arbeitsaufgabe ist das Ringen des Menschen mit seiner Bewegungsorganisation sehr aufschlußreich am Lebensanfang und am Lebensende zu beobachten. Obwohl die Bewegungsorganisation mit der Geburt voll ausgebildet ist, kann sie auf die Weise, wie der Erwachsene mit ihr umgeht, noch nicht genutzt werden. Der Nutzer hat noch keine Gewalt über sie, sie geht – bildlich gesprochen – ihre eigenen Wege.

Erstaunlich sind Fleiß und Intensität, mit denen das gesunde kleine Kind um die Beherrschung des Bewegungsapparates geradezu kämpft. Unverdrossen übt es dieselbe Bewegung. Im unermüdlichen Einsatz des Willens könnte das kleine Kind ein Vorbild für jeden Erwachsenen sein, der sich um den Erwerb neuer Geschicklichkeit bemüht. Besonders einprägsam kann das bei dem Versuch, sich aufzurichten, erlebt werden. Unzählige Anläufe, die mißlingen, können das Kind nicht entmutigen und davon abhalten, den aufrechten Stand zu üben. Und welche Freude, wenn dieser für einen Augenblick erobert ist.

Was spielt sich da vor unseren Augen ab? Die Nutzung der Bewegungsorganisation ist dem Menschen durch diese selbst nicht vorgegeben, sondern sie muß von ihm tätig erworben werden. Was den Tieren wie selbstverständlich zufällt, ist beim Menschen das Ergebnis fleißiger Arbeit. Das macht verständlich, daß jeder Mensch seine eigene Art hat, sich zu bewegen. In der tätigen Auseinandersetzung zwischen dem Geistig-Seelischen des Kindes und seinem Leibe wird eine individuelle Bewegungsform der Organisation gleichsam eingeschrieben. Voraussetzung dafür ist, daß das Geistig-Seelische den Leib im Üben wirklich ergreift und durchdringt. Von diesem Gesichtspunkt aus kann man das Gehen-Lernen (und alle anderen Bewegungsabläufe, die erworben werden müssen) als ein Bild der *Leibergreifung* studieren. Wo *sie* nicht gelingt, also Defizite im Bewegungsablauf auftauchen, sind oft auch Defizite auf ganz anderen Betätigungsfeldern zu beobachten, etwa im Spracherwerb oder in den Äußerungen des Denkens. Offensichtlich ist das ungenügende Ergreifen des Bewegungsapparates Indiz dafür, daß das Geistig-Seelische überhaupt Schwierigkeiten hat, das Instrument der Organisation (und damit auch einzelne Organe) zu ergreifen.

Die Durchsetzung normaler Geschicklichkeit muß lange Zeit geübt werden, und sie wird bei jedem Wachstumsschub der Organisation leise in Frage gestellt. Besonders deutlich ist dieser Vorgang in der Pubertät, wo die bereits eroberte Beherrschung der Bewegungsabläufe dem Jugendlichen wieder ein Stück weit entfällt. Das Größenwachstum der Gliedmaßen bringt diese in ein neues Verhältnis zur Schwerkraft. Damit entziehen sie sich wieder ein wenig der Verfügbarkeit. Es dauert geraume Zeit, bis die Situation durch den eigentlichen Beweger neu gemeistert ist. Wieder ist die beobachtbare Veränderung im Bewegungsablauf Zeichen dafür, daß das Geistig-Seelische ein neues Verhältnis zur Gesamtorganisation herstellen muß. Das neue Verhältnis wirkt aber auch auf die seelische Befindlichkeit der Jugendlichen zurück. Erst um das 20. Jahr herum sind die Bildeprozesse der Organisation abgeschlossen; sie hat ihre Reife erreicht. Das jetzt errungene Verhältnis zum Bewegungsapparat ist keinen besonderen Irritationen mehr unterworfen. Für den Erwerb neuer Geschicklichkeiten bleibt dieses Verhältnis aber weiterhin «offen».

Den umgekehrten Vorgang können wir im späten Lebensalter beobachten. Hier wird die Organisation nicht wie am Lebensanfang durch Wachstum bestimmt, sondern durch Alterung. Die Organe verlieren ihre Geschmeidigkeit, werden in zunehmendem Maße steif beziehungsweise durch Ablagerungen verhärtet. Im Bewegungsorganismus wird dies als eine Beschränkung der Bewegungsmöglichkeiten erfahren. Nicht nur die Gliedmaßen «versteifen», sondern die Bewegung selbst erhält einen «steifen» Charakter. Der Mensch als Beweger hat den Eindruck, daß der Bewegungsorganismus ihm langsam, aber zunehmend entgleitet. Er gehorcht nicht mehr genau den Zielen, die ihm gesetzt werden. Schon eine gerade Linie am Boden abzuschreiten wird zum Problem. Kleine Unsicherheiten unterbrechen den Fluß der Bewegung, machen sie stockend, schwankend. Es kann so weit kommen, daß die Glieder in einzelnen Momenten den Dienst versagen. Der Leib geht, wie das früher in der Kindheit der

Fall war, seine eigenen Wege. War er – und das ist der Unterschied – in der Kindheit *noch nicht* vom Beweger ergriffen, so ist er es jetzt *nicht mehr.* Dem alten Menschen entgleitet der Bewegungsorganismus. Das Entgleiten lebt sich individuell sehr verschieden dar. Dem Ergreifen des Leibes in der Kindheit steht also ein Lösen des Bewegers vom Leibe im Alter gegenüber.

Diese Überlegungen werfen ein Licht auf die Ausbildung von Fertigkeiten. Sie sind ein neues Ergreifen der Bewegungsorganisation durch den Beweger. Sie schaffen ein neues Verhältnis zwischen Beweger und der Leiblichkeit, aber auch gegenüber der Umwelt. Der Mensch wird durch ein solches durch eigene Anstrengung hergestelltes, neues Verhältnis *erdentüchtiger.*

Der Impulsator des Lernprozesses

Der Lernprozeß der Fertigkeitsbildung ist also komplizierter, als wir ihn am Anfang dargestellt haben. Der arbeitende Mensch stößt nicht nur auf den Widerstand, den die Materialien ihm bieten, sondern gleichzeitig auf den Widerstand, den die vorgeprägte Bewegungsgestalt der sachgemäßen Arbeit entgegensetzt. Er kämpft – bildlich gesprochen – nicht nur gegen die vorgeprägte Gestalt der Welt, sondern auch gegen seine eigenen Vorprägungen. Die letzte Aussage muß differenziert werden.

Wir haben schon gesagt, daß die Bewegungsorganisation, so eng (und schicksalhaft) sie auch mit dem Menschen verbunden ist, nicht der eigentliche Mensch ist. Das zeigt sich bereits darin, daß die Impulse zu ihrer Veränderung nicht von der Organisation selbst ausgehen können. Wir haben den Impulsator der Veränderung als das Geistig-Seelische bezeichnet. Das ist insofern berechtigt, als bei der Umschmelzung der vorgegebenen Bewegungsgestalt vornehmlich Willenskräfte eingesetzt werden müssen, die sich im kontinuierlichen Üben manifestieren. Exakt formuliert, ist es die Individualität, die sich dieser Seelenkräfte bedient, um den Veränderungsprozeß in der Bewegungsgestalt zu bewirken. Das Selbst schafft sich damit ein neues, besseres Instrument für sein Wirken in der Welt. Für die Individualität oder das Ich sind die Bewegungsorganisation wie die zu bearbeitenden Materialien der Welt gleichermaßen Nicht-Ich. Die Distanz der Individualität gegenüber der leiblichen Organisation ist sogar die Vorbedingung für deren Veränderung.

Das Ich, also die Individualität des Menschen, ist der Impulsator sowohl für die Weltveränderung als auch für die Veränderung der Instrumente, die ihm für die Arbeit an der Welt zur Verfügung stehen. Sobald sich die Individualität auf die Arbeit an der Welt einläßt, macht letztere das Ich gewissermaßen darauf aufmerksam, daß seine Instrumente der Veränderung bedürfen, daß es Selbsterziehung üben muß. Wie sich das auf der Ebene des Bewegungsorganismus auswirkt, haben wir exemplarisch dargestellt. Aber die Selbsterziehung ist mit dem Erwerb größerer Geschicklichkeit keineswegs abgeschlossen. Sie muß auf allen Ebenen des Nicht-Ich oder, anders ausgedrückt: der menschlichen Organisation fortgesetzt werden, wenn man den Anforderungen, welche die Welt an den Arbeiter stellt, nachkommen will. Diese Ebenen, auf die später eingegangen wird, sollen hier vorläufig nur genannt werden:

Es sind Arbeitshaltungen herzustellen, die sich mit den Lebensgewohnheiten so tief verbinden, daß sie bei der Arbeit abgerufen werden können. Ihr Erwerb ist für eine sachgemäße Arbeit ungemein wichtig. Aber auch die Ebene der drei Seelenkräfte: Denken, Fühlen und Wollen bedarf einer besonderen Gestalt, wenn die Arbeit effektiv sein soll. Auch hier trifft das Ich auf Vorprägungen, die der Arbeit nicht dienlich sind. Sie können aber ebenfalls durch das Ich übend umgeschmolzen werden.

Das Ich tritt also arbeitend in eine Lebensschule ein. Die Resultate seiner Auseinandersetzung mit dieser Lebensschule sind einerseits die Weiterentwicklung von Kultur und Zivilisation, andererseits die Umgestaltung der für die Arbeit notwendigen persönlichen Instrumente und damit größere individuelle Wirkensmöglichkeit.

Arbeitshaltungen – eine weitere Antwort des Menschen auf die Herausforderungen der Arbeit

Auch demjenigen Arbeiter, der die Fertigkeiten, die eine spezielle Arbeit von ihm fordert, vollständig beherrscht, unterlaufen bisweilen Fehler. Verfolgt man die Zustände, in denen ihm das passiert, so stößt man auf mannigfaltige Ursachen:

Der Betreffende hatte in der Mittagspause einen Streit, der ihn außerordentlich erregte. Ein Vorgesetzter hat ihm mitgeteilt, daß sein Arbeitsplatz gefährdet sei. Der Arbeiter zwang sich, die Arbeit fortzusetzen, aber es stellten sich Fehler ein, die üblicherweise bei ihm nicht vorkamen. Aufgeregtheit, also unkontrolliertes Durcheinanderschießen von Gedanken und Gefühlen, behindert sachgemäßes Arbeiten. Die Seele des Menschen ist von der Erregung so besetzt, daß ihr kein Raum abgewonnen werden kann für ein Eingehen auf die Arbeitsnotwendigkeiten.

Dieses einfache, alltägliche Beispiel zeigt eine wichtige Tatsache. Die Fertigkeiten müssen auch abgerufen werden können. Eine von Erregung besetzte Seele kann das offensichtlich nicht. Sie ist im Moment mit sich selbst beschäftigt und bringt es nicht fertig, den Seelensturm zu stillen. Die Hinwendung zur Arbeit und deren Erfordernissen gelingt ihr nicht. Das macht uns darauf aufmerksam, daß der gute Arbeiter während der Arbeit nicht bei sich selbst, sondern bei der Sache ist, die er gestalten muß (und auch will). Arbeit, soll sie gelingen, fordert eben ein Eingehen auf ihre Sachnotwendigkeiten. Indem dieses Eingehen aktiviert wird, entsteht im Arbeiter Selbstlosigkeit. Was ihm selbst wichtig ist, wird während der Arbeit zum Schweigen gebracht. An dessen Stelle tritt die Hingabe an die Arbeitsaufgabe.

Die Selbstlosigkeit hat – bildhaft gesprochen – ihre Diener. Die Aufmerksamkeit ist zum Beispiel eine Arbeitshaltung, welche die Sinne zur vollen Regsamkeit aufruft. Sie ist begleitet von der Konzentration, die willentlich jeden anderen Seeleninhalt tilgt, der mit der Arbeitsaufgabe nichts zu tun hat. In den Augenblicken, in denen die Konzentration voll gelingt, verschmilzt das Innenleben des Arbeiters mit der Sache selbst. Die Sache – und nichts außer ihr – ist dann im Seelenleben anwesend. Weil die Konzentration durch niemanden anderen als den Arbeiter selbst hergestellt werden kann, eröffnet sie ihm die Erfahrung der Souveränität gegenüber der Sache. Die Paradoxie, daß totale Hingabe an eine Aufgabe gerade zum Erleben der Souveränität führt, löst sich in der Logik der Tatsachen auf. Wer den Denkblick vor allem auf die Aktivität lenkt, die Konzentration erst aufkommen läßt, weiß eben von der Souveränität des aktiven Ich, die dabei in die Erfahrung eintritt.

Ein anderer Gehilfe der Selbstlosigkeit ist die innere Ruhe. Innere Ruhe, der Gegensatz von Aufgeregtheit, tritt ja erst dann ein, wenn das unbeherrschte Gewoge der Empfindungen, Gefühle, Emotionen, Vorstellungen, Vorurteile, Sympathien und Antipathien zum Stillstand gebracht ist. Daß man in der Aufregung leicht die Herrschaft über sich selbst verliert, ist jedem bekannt. Die Person wird zum Spielball einer Seelenregung, die sich mit größter unwillkürlicher Energie in den Vordergrund des Bewußtseins drängt. Handlungen, die im Zustand der Erregung vollführt werden, entbehren in der Regel jeder Souveränität der Person. Vielmehr ist zu erleben, daß die Person zur Handlung getrieben wird. Dieser unkontrollierte Vorgang zeigt sich auch in den Resultaten der Handlung. Nicht selten bedauert die Person bei ruhiger Betrachtung solche Handlungen, weil sie ihr gewissermaßen unterlaufen sind. (Besser noch wäre der Ausdruck, weil «sie die Person unterlaufen haben»). Wer auch in extremen Lebenslagen innere Ruhe herstellen und bewahren kann, wird zu Recht bewundert. Er lebt ein Ideal vor, das jeder bei sich selbst gern erreichen würde, um selbstbestimmt zu leben.

Arbeit fordert und fördert die innere Ruhe. Und letztere ist zugleich eine Voraussetzung für die Konzentration, welche die Arbeit am besten voranschreiten läßt. Gerade weil sie für das Gelingen von Arbeit unliebsame Vorprägungen des Seelischen nicht zum Zuge kommen läßt, sondern diese zurückweist, kann sich in dem aktiv hergestellten Freiraum Konzentration auf die Arbeitsaufgabe entfalten. Unbehindert kann die Konzentration alle bisher erworbenen Fähigkeiten zur Lösung der Aufgabe bündeln. In solchen Momenten entstehen bisweilen Leistungen, die den Arbeiter selbst überraschen, weil er sie bis dahin noch nicht hervorgebracht hat. Die Konzentration leistet die Sammlung dieser Fähigkeiten und erhöht damit die Produktivkraft.

Aufmerksamkeit, innere Ruhe und Konzentration leisten aber noch etwas anderes: ein willkürlich gestaltetes Öffnen (oder auch Abschließen) der Person gegenüber der Umwelt. Während des Arbeitsvorgangs ist der Mensch ganz für die Arbeitsaufgabe geöffnet. Die Konzentration ermöglicht also ein Höchstmaß an Erfahrung der Umwelt. Es entsteht ein Verhältnis zwischen Person und Umwelt, das als Offenheit charakterisiert werden kann. In Momenten solcher Konzentration steht der Bildung eines Verhältnisses zwischen Ich und Umwelt nichts entgegen. Wer diesen Zustand nur wenige Male bei sich selbst hergestellt hat, weiß auch um die Behinderungen, die einem solch offenen Verhalten entgegenstehen. Es sind die seelischen Vorprägungen, die unwillkürlich den Zustand der Offenheit immer wieder verstellen. Sie drängen sich – ungerufen – in den Horizont des Bewußtseins und blockieren es für die Aufnahme neuer Erfahrungen. Sie bewirken realiter eine Fesselung der Person. Es gibt für jeden Menschen charakteristische Vorprägungen im Seelenleben, welche die Öffnung des Seelischen verhindern. Sie äußern sich unter anderem in unreflektierten Handlungen. Sagen wir doch öfter: Das ist typisch für den oder jenen, und meinen damit, daß er sich immer wieder in der gleichen Art verhält. Wir stoßen hier auf stereotype Handlungsmuster, die (vorerst) nicht durchbrochen werden können. Sie rechtfertigen den drastischen Begriff der Fesselung, den wir oben gebraucht haben.

Aber noch andere Arbeitshaltungen fordert der Arbeitsprozeß dem Menschen ab. Eine wichtige ist die Ausdauer. Arbeit ist bekanntlich nicht «auf einen Streich» getan. Sie verlangt die bewußte Wiederholung gleicher Tätigkeiten, wobei diese möglichst auch mit gleicher Konzentration vollzogen werden sollen, weil sonst der Arbeitserfolg gefährdet ist. Die Fähigkeit, diese Haltung über längere Zeit aufrechtzuerhalten, so daß sie die Arbeit zielvoll führt, wird als Ausdauer bezeichnet. Zu den übrigen Arbeitshaltungen tritt also eine Kraft, die diese immer wieder neu impulsiert und aktiviert. Die Ausdauer hält die Willensaktivität, die in den Arbeitshaltungen Aufmerksamkeit, innere Ruhe, Konzentration am Werke ist, in Gang. Durch sie kann der Mensch längere Zeit hindurch über seine Produktivkraft verfügen.

Was sie leistet, kann man am besten in jenen Augenblicken beobachten, wo sie zusammenbricht. Das Kapital an Produktivkraft ist dann erst einmal ausgegeben. Äußeres Zeichen ist die Erschöpfung des Arbeiters. Wer im Selbstversuch die Grenze der Belastbarkeit ausreizt, merkt, daß nicht die physischen Kräfte zuerst vor weiterer Belastung kapitulieren. Es sind die Arbeitshaltungen, die nicht mehr aufrechterhalten werden können. Die Ausdauer ist deshalb weniger ein physisches als vielmehr ein geistig-seelisches Phänomen.

Die Ausdauer hängt eng mit der Motivation zur Arbeit zusammen. Ist diese groß, wird auch die Ausdauer größer als sonst üblich. Dabei wird besonders anschaulich, daß die Arbeitsaufgabe zwar den Menschen fordert, daß aber diese Forderung nur erfüllt wird, wenn der Arbeiter aktiv auf sie antwortet. Und die Antwort ist um so kräftiger, wenn der Arbeiter die Aufgabe zu seiner eigenen macht, das heißt sich mit ihr so identifiziert, daß das Ich die Arbeit selbst will. Aus einer solchen Verbindung mit der Aufgabe entspringt dann auch das höchstmögliche Maß an Ausdauer, zu dem der Arbeiter fähig ist.

Bei genauerer Beobachtung stößt man also nicht nur auf eine vorgeprägte Bewegungsgestalt, die in der Arbeit neu zu formen ist, sondern auch auf eine vorgeformte Gestalt der Gewohnheiten, die sachgemäße Arbeit ebenfalls behindern kann. Diese Gestalt hat sich in der bisherigen Sozialisation gebildet. Sie ist Resultat der bisherigen Erziehung (auch Fehlerziehung) in Schule und Elternhaus. Verhaltensmuster haben sich durch beständige Wiederholung eingeschliffen und bilden zu einem wesentlichen Teil unseren Charakter. Sie haben sich so intensiv mit dem Menschen verbunden, daß sie, einmal gebildet, schwer umgebildet werden können.

Die heutige Pädagogik hat aus vielerlei Gründen die frühe Bildung von Gewohnheiten aus dem Auge verloren. Die einen werten sie als bedenklichen Eingriff in die «individuellen» Äußerungen des Kindes, die anderen sehen sie als «Privatsache» des Elternhauses an, die sie nicht zu beurteilen haben, kurz: Den Gewohnheiten wird heute im Lernprozeß wenig Bedeutung beigemessen. Unvoreingenommene Selbstbeobachtung dagegen liefert ein anderes Bild. Bei der Arbeit bilden Fahrigkeit, Unruhe, Ungenauigkeit der Beobachtung, emotionale Abneigungen und so weiter die größten Hindernisse. Sie sind aber auch Hindernisse bei jedem anderen Lernprozeß.

Die sozialen Arbeitshaltungen

Die Einführung eines eigenen Unterrichtsfaches, der Sozialkunde, zeigt, daß der Erwerb der sogenannten Sozialkompetenz für das Zusammenleben als wichtiges Element für die Erziehung erachtet wurde. Das Gesellschaftsleben kann, wie wir wissen, auf verschiedene Weise strukturiert werden. Solche Strukturen sind in der Sozialkunde gedanklich auf ihre Vor- und Nachteile zu prüfen. Das kann das Fach Sozialkunde leisten. Jede soziale Struktur aber muß mit Verhaltensweisen gewissermaßen gefüllt werden. Gehen diese verloren oder pervertieren sie gar, geraten die besten Strukturen ins Wanken. Es muß doch einen unvoreingenommenen Betrachter zum Beispiel erschrecken, daß die Gewalt in den Schulen kontinuierlich eskaliert. Das Fach Sozialkunde hat das nicht verhindern können.

Gerade in der Gegenwart werden viele Appelle verkündet, die bestimmte sozial-verträgliche Verhaltensweisen einfordern, wie Rücksicht, erhöhten Arbeitswillen, persönlichen Einsatz für das Gemeinwesen und so weiter. Sie werden sicher wirkungslos verhallen. Denn soziale Strukturen können eingesehen werden, soziale Verhaltensweisen aber müssen im Konsens aller Beteiligten eingeübt werden.

Das Fach Sozialkunde kann über die bestehenden sozialen Strukturen informieren. Diese Information ist nützlich, denn sie zeigt, welche Gesichtspunkte bei ihrer Gestaltung gewirkt haben. Die Gesichtspunkte können auch diskutiert werden. Diese Reflexion faßt eben die Strukturseite des Soziallebens ins Auge. Aber in dem Fach Sozialkunde können keine Verhaltensweisen geübt werden.

Wir stoßen mit solchen Überlegungen wieder auf die schon charakterisierte Einseitigkeit der Schule, mehr betrachtend als übend in das Leben einzuführen. Für die Verhaltensseite der Gesellschaft können durch Betrachtung höchstens (vernünftig begründete) Forderungen erhoben werden. Diese sind genauso wie die Forderung nach Erziehung eines verantwortlich handelnden Menschen zunächst abstrakt. Sie müßten dem Jugendlichen in ihren Voraussetzungen und Folgen zum Erlebnis gebracht werden, damit er sie zu persönlichen Motiven seines Handelns erheben kann. Und sie müßten zusätzlich so geübt werden, daß sie Gewohnheitscharakter annehmen. Wer sich aber über die Gewohnheiten Gedanken gemacht hat, weiß, daß ihre Bildung langer Übzeiten bedarf. Vor diesem Hintergrund gewinnen die bisherigen Erfahrungen mit berufsorientierter Arbeit, die für das Sozialverhalten relevant sind, neue Bedeutung.

Schon die Einzelarbeit mit gemeinsam zu nutzendem Gerät verursacht laufend soziale Konflikte, die gelöst sein wollen. Wer «klug» ist, deckt sich mit dem nötigen Gerät ein, zum Beispiel in der Schmiede mit Feuerzangen. Am liebsten möchte er diese in einer dunklen Nische verstecken. Die erste Haltung zeigt den (gesunden?) Egoismus. Die zweite, daß er durchaus weiß, daß er sich egoistisch verhält und daß er dies «verdecken» möchte. Warum eigentlich? Er weiß um den Protest seiner Mitschüler über solch unsoziales Verhalten, und dem möchte er ausweichen. Schließlich muß er sich einer gerechten Verteilung des Werkzeugs beugen.

A hat sein Eisen ins Feuer gesteckt und hält einen Schwatz mit B, während dieser arbeitet. Er kann das, weil C sein Eisen auch im Feuer hat und die Esse bedient. C ärgert sich, daß A mit B einen Schwatz hält und diesen bei der Arbeit stört. Aus «Rache» meldet er A nicht, daß dessen Eisen den charakteristischen Funkenflug hat, der anzeigt, daß es «verbrennt». Er will sich gerade mit seinem glühenden Eisen zum Amboß verdrücken und freut sich schon auf den Schreckensschrei von A, wenn dieser seine Misere endlich entdecken wird. Der Transport des glühenden Eisens von der Esse zum Amboß ist bei diszipliniertem Arbeitsverhalten (ohne emotionale Hektik) ungefährlich. Aber A schreit nicht nur auf, sondern stürzt zur Esse und streift dabei C. Der kann das glühende Eisen nicht schnell genug zurückziehen, und A's Hose ist geliefert; sie hat einen langen Brandfleck.

Solche Beispiele gibt es viele. Die überschaubare Arbeitssituation in unserem Beispiel verlangt ein in sachgemäßer Weise geordnetes Verhalten: gleiche Verteilung der Werkzeuge, selbständige Kontrolle des Eisens im Feuer, gemessene Bewegung zwischen Amboß und Esse und so weiter. Werden diese Verhaltensweisen befolgt, herrscht Arbeitsfrieden, und es besteht keine Gefahr. Werden sie durchbrochen, entsteht sozialer Unfrieden, manche Arbeit geht daneben, und es taucht in einzelnen Gewerken Gefahr auf: Es hätte nicht nur die Hose erwischt werden können, sondern auch das Fleisch. Solche Erfahrungen sind eindringlich. Eine Reflexion der Situation ist leicht herzustellen, und sie ist gerade für das Lebensalter der Pubertät bedeutungsvoll. Nicht der Meister verlangt die Verhaltensregeln, sondern die Sache (der Arbeitsvorgang) selbst. Der Meister ist nur der Interpret dieser Forderungen. Seine größeren Erfahrungen erleichtern ihm die Interpretation. Aber sie sind von den Schülern schon mit wenigen konkreten eigenen Erfahrungen nachzuvollziehen. Der Schüler kann sich diesen Sachanforderungen durch kluges Verhalten anpassen. Dann schützt er sich. Dazu muß er allerdings oft vorgegebene Gewohnheiten «umbauen», also neue, eben sachgemäße erwerben. Damit schützt er nicht nur sich selbst, sondern auch die Mitarbeiter. Gegenteiliges Verhalten erregt Unfrieden, dessen Folgen sich genau bestimmen lassen. Sozialer Unfrieden behindert zum Beispiel die Arbeitsleistung enorm. In einem kurzen Gespräch über den geschilderten Vorfall kommt manches zutage. A sieht sich plötzlich mit Urteilen der Mitschüler über seine Person konfrontiert, die ihm gar nicht schmecken. Und sie fielen noch schärfer aus, wenn nicht seine Hose, sondern die eines Mitschülers geliefert worden oder gar eine Brandwunde die Folge des Fehlverhaltens wäre.

Was findet hier eigentlich statt? «Diszipliniertes» Verhalten wird beim Arbeitsvorgang gefordert. Unsachgemäßes Verhalten chaotisiert ihn mehr oder weniger. Wesentlich ist vor allem, daß die Folgen sich schnell zeigen. Das verpfuschte Werkstück, die seelische (oder gar physische) Verletzung des Mitarbeiters treten unvermittelt zutage. Sie zeigen in einem scharfen Spiegel die Wirkungen der eigenen Person auf die Umwelt. Was sonst im gewöhnlichen Leben oft lange Zeit in Anspruch nimmt, nämlich eine Tat und ihre Folgen zu überschauen, wird in der Arbeit zeitlich gerafft. Eine schnellere Rückmeldung über das Verhalten der eigenen Person gibt es kaum. Für viele ist diese Rückmeldung Anlaß, sich in die Zucht zu nehmen, das heißt die verlangte Ordnung bewußt zu üben. Ein sozialer Lernprozeß wird eingeleitet, der sich ganz eng an der Lebenserfahrung orientiert. Denken und Tun werden lebensgemäß gekoppelt.

Verstärkt wird die soziale Komponente der Arbeit dort deutlich, wo zwei Personen zusammenarbeiten müssen. In der Schmiede tritt das bei größeren Werkstücken auf, bei deren Bearbeitung es notwendig ist, daß ein Arbeiter das Werkstück mit der Zange hält und entsprechend wendet, während ein zweiter gezielt zuschlägt, um die gewünschte Verformung zu erreichen. Die Bewegungen beider müssen genau aufeinander abgestimmt werden; nur so gelingt die Arbeit. Es ist sicher vorteilhaft, wenn der günstigste Winkel der Drehbewegung vor jeder Arbeit überlegt wird. Aber diese Überlegung muß dann auch restlos in die Bewegung übergeführt werden. Auch der Zuschläger kann sich klarmachen, wie dosiert die Schläge bei diesem Arbeitsvorgang ausfallen müssen. Da beide Arbeiter aber noch keineswegs in der Lage sind, ihre vorgedachten Absichten genau zu verwirklichen, geht die Arbeit nur langsam voran. Manchmal mißlingt sie auch. In beiden Fällen aber entsteht ein soziales Problem. Denn beide Jugendlichen sind erst einmal geneigt, die Schuld am Versagen dem anderen zuzuschreiben. «Dreh doch richtig», faucht der eine. «Du schlägst nicht rhythmisch», gibt der andere zurück. Je nach Temperament springen sich zwei Kampfhähne an, oder man findet zwei Resignierende, welche die Hände (und das Werkzeug) fallen lassen und dazu stöhnen: «Wir kriegen's nicht hin!»

Nur wenige Augenblicke im Leben verdeutlichen so drastisch, wie Menschen aufeinander angewiesen sind. Denn auch der beste Schmied der Welt kann die Aufgabe allein nicht lösen. Sie ist nur durch Zusammenarbeit zu bewältigen. Alles Schimpfen ist zwecklos. Die Arbeit scheitert objektiv am Mangel an Fertigkeiten. Diese aber können (und müssen) erübt werden. Wenn schließlich der Meister den einen Teil der Arbeit übernimmt, tritt höchste Konzentration beim Partner ein. Denn wenn die Arbeit jetzt mißlingt, kann er das schwerlich dem Meister in die Schuhe schieben. Er gibt sein Bestes. Aber gleichzeitig merkt er auch, was er noch falsch macht. Die Fehler brauchen nicht verbal hervorgehoben zu werden; sie sind offenkundig.

Aber auch die Folgen durch «ungeschicktes» soziales Verhalten werden deutlich. Auch im Sozialverhalten ist Hektik hinderlich, innere Ruhe förderlich. Langsam – sehr langsam – wird eingesehen, daß man den Menschen ähnlich wie das Material, das seine speziellen Eigenheiten hat, «nehmen» muß, wie er ist, daß innere Stärke sich nicht im Kritisieren anderer zeigt, sondern im bewußten Gestalten menschlicher Beziehungen. Wie im Arbeitsprozeß sind dabei Wachheit und Offenheit fruchtbarer als Schläfrigkeit und Beschäftigung mit der eigenen Seelenlage. Vielleicht geht dem einen oder anderen Jugendlichen sogar auf, daß die Arbeitshaltungen (Aufmerksamkeit, innere Ruhe, Konzentration, Ausdauer und andere hier noch nicht erwähnte) nicht nur auf die Arbeit und das eigene Befinden gerichtet werden können, sondern auch auf den Mitmenschen. Langsam erkennt der Jugendliche, daß seine Arbeitshaltungen die Voraussetzung für *jeden* Lernprozeß bilden. Dieser kann sich auf unterschiedliche Inhalte richten – auch auf intellektuelle. Jedes Lernen braucht immer wieder die Aktivierung der gleichen Grundvoraussetzungen.

Die berufsorientierte Arbeit bietet ein breites Beobachtungsfeld für menschliches Verhalten. Meine eigenen Vorteile und Fehler, die ich in der Auseinandersetzung mit der Arbeitsaufgabe erlebe, werden doch nicht nur mir bewußt. Sie fallen auch (manchmal sogar intensiver) allen anderen Gruppenmitgliedern auf. Und sie bedürfen in der Zusammenarbeit einer neuen Ordnung – bei mir und allen anderen. Die Arbeit ist also zusätzlich Anlaß, den sozialen Umgang mit Menschen zu üben. Auch das soziale Umfeld – nicht nur die Arbeit – fordert mich auf, meine bisherigen Verhaltensformen zu prüfen und notfalls umzuarbeiten.

Ein weiteres Beispiel, bei dem Sozialverhalten praktisch geübt werden kann, ist die Arbeitsteilung. Nehmen wir an, ein Werkstück kann in drei gesonderte Teile zerlegt werden, deren Fertigung von drei verschiedenen Arbeitern übernommen wird. Bei der Montage stellt sich heraus, daß ein Teil den vorgegebenen Normen nicht entspricht. Was hat das für Folgen? Zunächst sachliche: Der versprochene Liefertermin platzt. Das gibt Ärger mit dem Auftraggeber. Wenn das auf keinen Fall eintreten darf, müssen Überstunden geleistet werden. Material und Arbeitszeit (wesentliche Kostenfaktoren in der Kalkulation des Betriebes) sind vergeudet. Eigentlich müßte die Nacharbeit kostenlos erfolgen. Das wäre für den Arbeiter eine spürbare Einbuße. Bei wiederholten Fehlleistungen dieser Art wird seine Kündigung erwogen (oder durchgeführt). Die Folgen unsachgemäßer Arbeit wirken sich also (unter Umständen massiv) im Sozialen aus. Auch der Arbeitsfrieden wird dadurch nachhaltig gestört. Ärger bestimmt dann sehr oft emotional die Szene.

Auch im Falle der Arbeitsteilung bei Jugendlichen ist die Quelle des Übels eindeutig festzumachen. Der Jugendliche muß seine Fehlleistungen und deren Folgen anerkennen, auch wenn sich für ihn keine existentiellen Konsequenzen daraus ergeben. Sein Werkstück sollte er aber nacharbeiten.

Der Aufwacheffekt durch ein solches Erlebnis ist groß – auch und gerade dann, wenn die Fehlleistung nicht kommentiert wird, sondern nur ruhig Anweisungen für das weitere Vorgehen gegeben werden. Die Sache spricht für sich selbst. Auch wenn der Jugendliche nicht alle sozialen Folgen seiner Fehlleistung auf einmal überschaut, einige sieht er sofort. Er selbst oder ein anderer Mitarbeiter muß sich erneut an die Arbeit machen, um den Fehler auszugleichen. Das Erleben der sozialen Folgen ist hautnah, bildhaft gesprochen, geht es sogar unter die Haut. Und dieses Erleben ist gerade das wichtigste. Auf der einen Seite ist es die Grundlage für ein sachgemäßes Urteil über soziale Strukturen. Auf der anderen Seite ist es ein Weckruf, soziale Kompetenz bei sich selbst herzustellen. Je tiefer das Erleben solcher Ereignisse ist, um so gründlicher werden Jugendliche die Motivation entwickeln, auch soziales Verhalten zu *üben.*

An diesen Beispielen mag deutlich geworden sein, daß die übliche Sozialkunde eine Ergänzung und Vertiefung durch das Erleben sozialer und antisozialer Verhaltensweisen braucht. Praktische Übung «sachgemäßen» sozialen Verhaltens ist notwendig. Die Unterweisung in berufsorientierter Tätigkeit bietet eine solche Ergänzung. Denn die geschilderten Erlebnisse gehen nicht spurlos an den Jugendlichen vorbei. Bei einzelnen merkt man geradezu, wie ein Ruck durch die gesamte Person geht. Besonders effektiv aber kann die Wirkung dann sein, wenn Sozialkunde und berufsorientierte Unterweisung als zwei Seiten ein und derselben Sache zusammengesehen und aufeinander komponiert werden. Dann erst würde die Sozialkunde jene Absichten, die ihr Name vorgibt, erfüllen.

Arbeitshaltungen als Vorbedingungen menschlicher Entwicklung

Wir haben uns im vorangegangenen Kapitel an der Beschreibung alltäglicher Arbeitssituationen klargemacht, daß zu ihrer Bewältigung exemplarische Arbeitshaltungen notwendig sind. Diese Arbeitshaltungen verdienen aber eine komplexere Betrachtung. Es kann die Frage aufgeworfen werden, ob diese Seelenformen nicht auch im übrigen Leben des Menschen eine bedeutsame Rolle spielen. Die geforderte Arbeitshaltung der Selbstlosigkeit beispielsweise ist doch nicht nur bei der Arbeit wichtig; sie ist unter anderem auch im sozialen Leben gefragt. Dasselbe gilt für Geduld, Aufmerksamkeit und so weiter. Eine genauere Beobachtung der Arbeitshaltungen zeigt, daß in ihnen keimhaft immer eine zweite Fähigkeit liegt.

Die Fähigkeit der Selbstlosigkeit führt zum Beispiel zum Begriff der Ich-Stärke. Nur wenn das Ich seine Umwandelkraft, das heißt seine Stärke, voll eingesetzt hat, kann sich Selbstlosigkeit als Arbeitshaltung überhaupt bilden. Alle Widerstände, die dem selbstlosen Arbeiten entgegenstehen, mußten durch den Einsatz des Ich erst überwunden werden. Stellt man den Begriff der Ich-Stärke neben den der Selbstlosigkeit, so zeigt sich, daß beide Begriffe dadurch in eine leise Bewegung geraten, die zu weiterem Nachsinnen anregt. In der wechselseitigen Beziehung liegt eine gewisse Spannung.

Das Seelenleben ist durch eine große Beweglichkeit charakterisiert. In dem Begriffspaar Ich-Stärke und Selbstlosigkeit deutet sich an, daß deren aktiv hergestellte Balance bewußt aufrechterhalten werden muß. Nur dann ist das rechte Wirken der Persönlichkeit garantiert. Ist das Gleichgewicht auch nur im geringsten gestört, stellen sich Einseitigkeiten ein, welche eine gesunde Entwicklung der Seelenkräfte behindern. Verliert die Ich-Stärke ihre Orientierung an der Selbstlosigkeit, kann sie leicht und schnell in den Egoismus abgleiten. Das Resultat ist dann das genaue Gegenteil von Selbstlosigkeit. Selbstlosigkeit und Egoismus sind Gegensätze, die sich ausschließen wie Feuer und Wasser. Vom Egoismus gibt es keinen Weg zur Selbstlosigkeit und umgekehrt. Egoismus entsteht, wenn die Ich-Stärke auf die Weltanforderungen keine Rücksicht nimmt, sondern sich nur auf sich selbst konzentriert. Diese Form des Einsatzes von Ich-Stärke kann wahrgenommen werden. Das Ich lebt sich dann (und zwar sehr vehement) in rücksichtslosem oder gar brutalem Verhalten aus. Die Ich-Stärke tritt also keineswegs von vornherein «gesichert» auf. Sie kann sich in Selbstlosigkeit wie in Egoismus äußern. Diese Tatsache kann mit dem Begriff der Labilität gefaßt werden. Er wird hier keineswegs moralisch tingiert verwendet, sondern weist schlicht auf eine beobachtbare Tatsache des Seelenlebens hin. Auch die Selbstlosigkeit kann außer Kontrolle geraten. Es gibt Menschen, die nur an andere und deren Nöte und Hilfsbedürftigkeit denken. Sie opfern sich für deren Wohl auf, ohne zu prüfen, ob solches Tun ihre Kräfte übersteigt oder sogar aushöhlt. Ihnen fehlt in ihrer Hingabe das «rechte Maß».

Wer sich das vor Augen hält, wird zu einer wichtigen Beobachtung im Seelenleben geführt. Das Verhalten muß immer wieder neu durch das Ich auf die Erfordernisse der Situation, auf die sich der Mensch einläßt, eingestimmt werden. Mit anderen Worten: Situatives Handeln des Menschen ist gefragt. Ohne situatives Handeln, also etwa unter der vorgegebenen moralischen Prämisse: Du mußt selbstlos sein! – kann die Selbstlosigkeit zum Ich-Verlust führen. In jedem Moment des Lebens also muß originell entschieden werden, in welche Richtung das Seelenleben durch das Ich zu gestalten ist. Es lauern dabei zwei Gefahren, die offensichtlich polar sind. Das Ich kann sich (im Egoismus) *verfestigen,* oder es kann sich in treuer Erfüllung seiner Pflichten gewissermaßen *auflösen.* Die Balance, welche der Mensch zwischen den beiden Gefahren Verfestigung und Auflösung herstellen muß, ist nicht leicht zu finden: Die Selbstlosigkeit muß durch das Ich gewollt und in ihrer Ausbildung durch die Ich-Stärke begleitet werden. Nur dann bewirkt sie die beobachtbare fruchtbare Verwandlung der eigenen Befindlichkeit.

Die Griechen haben diese Verwandlung als Katharsis aufgefaßt, als eine Reinigung der Seele. Durch sie wird erst ein menschenwürdiger Zustand der Seele hergestellt. Die Griechen wußten, daß seelische Erschütterungen und Herausforderungen, die aus dem alltäglichen Leben herausführen, diesen Vorgang fördern. So schrieben sie der Tragödie eine solche Wirkung zu. Wir haben aufgezeigt, daß die alltäglichen Forderungen der Arbeit dasselbe verlangen und – werden sie nur erfüllt – der Seele eine Chance bieten, zwischen polaren Kräften das Maß zu finden.

Aber gilt die labile Doppelnatur der Kräfte, die wir bei der Selbstlosigkeit gefunden haben, auch für alle anderen Arbeitshaltungen? Verfolgen wir unter denselben Gesichtspunkten einmal die innere Ruhe. Auch bei ihr ist ein «Doppelantlitz» zu finden. Erst einmal beruhigt sie die in den Bewußtseinshorizont einschießenden Seelenformen, die zur Aktion drängen. Sie hebt auch solche auf, welche den Menschen bedrücken und ihn dadurch zur Untätigkeit verleiten. Innere Ruhe schafft einen Ausgleich zwischen den Extremen einer extrovertierten und einer introvertierten Seelenhaltung. Unter diesem Aspekt wirkt sie mäßigend ein auf die unwillkürlich ins Seelenleben drängenden Vorstellungen, Gefühle, Stimmungen und Emotionen.

Indem ihr das gelingt, öffnet sie einen Seelenraum, in welchem sich eine vom Ich gesteuerte Beweglichkeit überhaupt erst etablieren kann. Will man innere Ruhe komplexer charakterisieren, muß man dies durch den Doppelbegriff innere Ruhe und innere Beweglichkeit tun. Er weist zugleich auch auf zwei Einseitigkeiten hin, denen beide Formpole ausgesetzt sind. Es kann die innere Ruhe zur Unbeweglichkeit des Seelenlebens führen, die innere Beweglichkeit, wenn sie nicht situativ geführt wird, in eine bedenkliche orientierungslose Labilität münden, die die Aktivität verzettelt. Wieder schwanken die Gefährdungen zwischen Verfestigung und Auflösung jeder Form der Seelenkräfte. In beiden Seelenformen ist die Produktivkraft des Ich an ihr Ende gekommen. Wird aber die innere Ruhe mit innerer Beweglichkeit gefüllt, so wird Entwicklung des Seelenlebens eingeleitet und menschlicher Fortschritt möglich.

Wenden wir uns der Arbeitshaltung Ausdauer zu. Den Ausdauer praktizierenden Arbeiter erleben wir als gediegen. Er zeigt uns eine Verläßlichkeit, die unser Vertrauen verdient. Ausdauer affiziert also den Begriff der Gediegenheit beziehungsweise Verläßlichkeit. Die Schwaben nennen Leute, die Ausdauer zeigen, Brettles-Bohrer. Sie wollen damit sagen, daß solche Leute die Arbeit nicht niederlegen, bevor das Brett nicht durchbohrt, also die Arbeit zu Ende geführt ist. Diese hervorragende Arbeitshaltung kann aber auch, wenn die Zielvorgaben nicht genau bedacht werden, gewissermaßen pervertieren. Solche Menschen beißen sich dann an Zielen fest, die sie sozusagen unerbittlich verfolgen. Michael Kohlhaas ist ein Beispiel für eine solche Seelenhaltung. Er kämpft ohne Augenmaß für das Recht und wird im Verfolg zum Fanatiker, der die Balance zwischen sich und der Gesellschaft verliert. Der Fanatismus ist eine vereinseitigte Form der Ausdauer, in welcher dem Agierenden die Korrektur durch das Ich verlorengeht. Die Verläßlichkeit kann aber auch zu einer Art Fatalismus führen. Man führt die übernommene Arbeit selbst dann noch fort, wenn die äußeren Umstände, unter denen sie geleistet werden muß, bei Licht betrachtet, unerträglich geworden sind, und trägt fatalistisch ihre Fesseln.

Hat man erst einmal die Spur der sogenannten Doppelbegriffe Selbstlosigkeit / Ich-Stärke – Innere Ruhe / innere Beweglichkeit – Ausdauer / Gediegenheit gefunden, so wird man durch sie zu einer differenzierteren Seelenbeobachtung angeregt. Diese führt den Betrachter, gleich welche Arbeitshaltung er ins Auge faßt, immer wieder zu der Produktivkraft des Ich zurück. Ohne deren Wirken kann der Mensch zu keiner fruchtbaren Arbeit an der Welt und an sich selbst finden. Zugleich wird deutlich, wohin die Arbeitshaltungen führen, wenn die Produktivkraft des Ich bei der Selbsterziehung nicht aufrechterhalten wird. Es ist dann beobachtbar, wie der Mensch zwei Tendenzen «verfällt», die offenbar im Seelenleben wirksam sind: der Verfestigung und der Auflösung. Beide behindern menschliche Entwicklung.

Die zentrale Aufgabe des Menschen ist es also, ein Gleichgewicht zwischen diesen beiden polaren Tendenzen herzustellen und sie dadurch für die eigene Entwicklung produktiv zu nutzen. Die Tendenz der Verfestigung ist für die Gestaltung jeder Seelenform nötig, jene der Auflösung für jede neue Öffnung des Seelenlebens. Im Suchen des Gleichgewichts werden aber beide Einseitigkeiten (Gefährdungen) unter die Kontrolle des Ich gestellt. Damit wird bestätigt, daß das Ich dem Seelenleben souverän gegenübersteht, daß dessen Gestaltung (und Kontrolle) nur von der Individualität ausgehen kann.

Wir haben gesehen, daß alle Arbeitshaltungen auch für den sozialen Verkehr der Arbeitenden von Bedeutung sind. Wenigstens an einem Beispiel, das für den sozialen Verkehr besonders wichtig ist, soll die eingeschlagene Methode der Betrachtung noch einmal durchgeführt werden.

Wenn Arbeit gelingt, bewirkt sie Selbstsicherheit des Arbeiters. Dessen Selbstbewußtsein ist befestigt durch gelungene Arbeitsleistungen. Für viele Jugendliche ist es geradezu eine Befreiung, wenn sie sich durch die Arbeitsleistung selbst bestätigt finden, gerade dann, wenn ihnen die Schule bislang nur schwache oder gar nur Fehlleistungen bestätigen konnte. Das beständige Aufzeigen unzureichender Leistungen verschüttet geradezu jede Regsamkeit des Ich. Die Erfahrung sagt doch dann, daß jede Anstrengung nutzlos war. In dieser Seelenlage etabliert sich sehr leicht eine generelle und undifferenzierte Ablehnung der Schule. Und um so stärker wird die Suche nach anderen Lebensfeldern, wo man beweisen kann, daß man doch jemand ist.

Eine gesunde Selbstsicherheit, ein gesundes Selbstbewußtsein bedarf ebenfalls einer zweiten Kraft, um in der rechten Weise zu agieren. Es ist die Bescheidenheit. Sie entspringt aus einer differenzierten Beurteilung der eigenen Leistungen. Mit der Zufriedenheit über sie geht das Bewußtsein einher, daß sie nur ein Abschnitt aus einer Fülle anderer Leistungen ist, die noch zu bewältigen sind. Nur in der Spannung beider Verhaltensweisen lebt sich die Selbstsicherheit fruchtbar aus. Fehlt dem Menschen diese Komponente, schlägt die Selbstsicherheit leicht in Überheblichkeit um. Dieses Phänomen kann gerade bei sogenannten begabten Schülern beobachtet werden. Es verstellt ihnen den Blick für eine immer noch notwendige Selbsterziehung. Ist die Bescheidenheit nicht mit Selbstsicherheit gepaart, läßt sie den Menschen sehr leicht sein Licht unter den Scheffel stellen, ja sie kann bis zur Unterwürfigkeit verkümmern. Etwas ganz anderes entsteht, wenn Selbstsicherheit und Bescheidenheit aktiv verbunden werden. In ihrer Durchdringung kann die Kraft entstehen, auch solche Aufgaben mit Umsicht anzugehen, die noch nicht bewältigt wurden.

Man mag vielleicht einwenden, solche Betrachtungen seien für die praktische Pädagogik wenig dienlich. Wer so urteilt, übersieht, daß es sich hier nicht um «philosophische Spekulationen» handelt, sondern um seelische Beobachtungsresultate. Ihre erkenntnismäßige Aufarbeitung ist (so scheint es mir) der einzige Weg, zu der eigentlichen Wesenheit des Menschen, also seinem Ich, bewußtseinsmäßig vorzudringen. Denn im Verfolg solcher (menschenkundlichen) Beobachtungsübungen wird die Aktivität des Ich bewußt. Das Ich balanciert polare Seelengebärden aus, die es selbst geschaffen hat. Die Balance zwischen ihnen führt zu einer Steigerung der Fähigkeit, indem die Tendenzen der Verfestigung und der Auflösung überwunden werden. Der Begriff des Spieltriebs, den Schiller in seinen *Ästhetischen*

Briefen als die einzig menschenwürdige Verhaltensweise herausgearbeitet hat, wird einer subtilen Beobachtung zugänglich. Zwischen den polaren Tendenzen des Seelenlebens die Waage zu halten ist ein Spiel. Aber dieses erfordert die höchste Künstlerschaft.

Wer die Erfahrungen, auf denen ein solches Urteil aufbaut, machen will, muß erst einmal seine Beobachtungskraft schärfen. Die gesteigerte Aufmerksamkeit wird jetzt nicht nach außen gerichtet, sondern auf das eigene Seelenleben. Sie eröffnet den Weg zu «seelischen Beobachtungsresultaten nach naturwissenschaftlicher Methode». Dieser klärt erst (und zwar durch Beobachtung und nicht durch Spekulation) über die Stellung des Menschenwesens (Ich) zu der übrigen Organisation des Menschen auf. Wesen und Erscheinung werden in bezug auf den Menschen ins rechte Licht gerückt. Um zu einem Bewußtsein seiner selbst zu kommen, muß das Ich die vorliegenden Erfahrungen (Wahrnehmungen) erst einmal kennen, also ihnen gegenübertreten. Und erst im Gefolge dieser trennenden Aktivität kommt es auch zu einem Erfassen des Unterschieds zwischen Wesen und Erscheinung. Auf den Menschen angewendet, wird so Einsicht vom Ich (Wesen) und Nicht-Ich (Erscheinung) erlebt. In diesem Vorgang der Unterscheidung kann der Mensch seine einmalige Individualität *erfahren.* Damit wird eine Bestimmung des Ich erst möglich. Ohne das Bewußtsein von der Trennung zwischen Ich und Welt ist die Sicherheit von der Einmaligkeit der Individualität nicht zu erwerben.

Was so getrennt wurde, muß aber auch wieder in einen Zusammenhang gebracht werden. Der Verstand stiftet die Differenzierung der Welterfahrung, die Vernunft deren Zusammenhang. Das Zusammenhang-Stiften aber kann nur getätigt werden, wenn vorher die Welterfahrung (durch differenzierte Beobachtung und den Verstand) differenziert worden ist. In diesen beiden Vorgängen erfahren wir polar gerichtete Tätigkeiten des Denkens, die von ein und demselben Wesen ausgehen und es daher berechtigt erscheinen lassen, von einer Doppelnatur des Ich zu sprechen.

Die Leistung der Balance, die wir als so notwendig für die menschliche Entwicklung erkannt haben, findet in den verschiedenen Arbeitshaltungen ihren konkreten Ausdruck. Die Arbeitsresultate geben darüber Auskunft, ob und wie weit diese Balance gefunden worden ist. Die Arbeitsaufgaben sind eine permanente Herausforderung, weiter übend die Balance bei den Arbeitshaltungen herzustellen.

Arbeitshaltungen und Lernprozeß

Wir fassen mit dem Begriff der selbsthergestellten Offenheit einen – wie ich meine – ganz entscheidenden Punkt der menschlichen Biographie. Sie ist die Grundvoraussetzung für jedes Lernen. Wird sie nicht aktiv hergestellt, beherrschen Vorprägungen das Seelenleben und verstellen das Bewußtsein. Der Jugendliche mag in diesem Zustand vieles gedächtnismäßig aufnehmen und dadurch sein Wissen erweitern, einen selbstgesteuerten Lernprozeß beherrscht er keineswegs. Dieser gelingt ihm erst, wenn er die beschriebene Öffnung bei sich selbst herstellt, die Vorprägungen zum Schweigen bringen kann und so zu einer personal gesicherten Erfahrung in die Welt vorstößt. Nur so kann vom Leben selbst gelernt werden. Wird die selbsthergestellte Offenheit mit den zuletzt entwickelten Begriffen gefaßt, erkennt man in ihr eine spezielle Ich-Tätigkeit. Bei ihr sind die polaren Seelentendenzen durch das Ich in eine glückliche Balance gebracht, und diese wird – zusätzlich – über längere Zeit gewissermaßen «stabil» erhalten. Dadurch werden die Tendenzen der Verhärtung und der Auflösung «gebannt».

Am interessantesten für die Übung der seelischen Beobachtung ist der Augenblick, wo sie zusammenbricht. Dabei wird deutlich, daß der Begriffsbildeprozeß, der bei der Beobachtung einen vorsichtigen, tastenden, experimentellen Charakter hat, abgelöst wird von einem Einschießen gedächtnismäßiger Vorstellungen. Diese Einschüsse belegen die Erfahrungen schnell und ungeprüft mit ihren Siegeln, die alle in der Vergangenheit wurzeln. Die «alten» Vorstellungen werden den Erfahrungen geradezu übergestülpt. Das Fortleben alter Denktradition und alter Weltbilder wird dadurch verständlich. Das aufgenommene Wissen führt ein Eigenleben, dem sich der Mensch hingibt, das er aber nicht von sich aus neu strukturiert. Der Gestaltungswille verabschiedet sich, und je nach Art des Vorstellungsinhalts schleichen sich die Tendenzen einer Verhärtung oder Auflösung in das menschliche Bewußtsein ein.

Die beschriebene Öffnung läßt den Jugendlichen nicht nur die Umwelt erfahren. Sie kann auch auf die Befindlichkeit der eigenen Person gerichtet werden. Denn diese ist – wie schon erwähnt – ebenfalls Nicht-Ich. In diesem Falle werden Aufmerksamkeit, innere Ruhe, Konzentration zur Selbsterkenntnis eingesetzt. Stehen sie der Person wirklich zur Verfügung, kann gegenüber der eigenen Befindlichkeit ein genauso «objektives» Verhältnis hergestellt werden wie gegenüber der Umwelt. Der Mensch selbst wird zum Objekt der Betrachtung. Auch hier kann es gelingen, an sich selbst nicht nur das festzustellen, was behagt, sondern das, was ist.

Diese Rückwendung der Konzentration auf die eigene Person ermöglicht es zum Beispiel auch, die Denkvorgänge zu betrachten und damit zugleich zu prüfen. Nur so wird, was für jeden Menschen so wichtig ist, eine Verständigung des Bewußtseins mit sich selbst angelegt und ausgebaut. Denn in dem Augenblick, wo der Begriff durch den Menschen hervorgebracht ist, kann er – wie das Werkstück – zum Objekt der Betrachtung und Bearbeitung gemacht werden. Man kann im jetzt einsetzenden Sinnen sowohl den Entstehungsvorgang der Begriffe aufspüren als auch die den Begriffen innewohnende Gestaltungskraft, die sonst nur bei den nach diesen Begriffen gebildeten Taten anschaubar wird. Gerade dieses Erleben ist ein Garant dafür, die Selbständigkeit der Person Begriffen und Taten gegenüber nicht zu verlieren.

Es ist hier nicht der Ort, auf alle Erfahrungen differenziert einzugehen, die gemacht werden können, wenn die Offenheit und ihre Diener sich auf das menschliche Bewußtsein zurückwenden, denn unser Thema ist ihr Einsatz im Arbeitsprozeß.

Es ist eine Erfahrung, daß der sogenannte «gute» Schüler in der Regel auch bei der praktischen Arbeit der bessere Arbeiter ist. Nicht deshalb, weil ihm auch eine größere Geschicklichkeit zuteil geworden ist, sondern weil er besser lernt. Er kann zum Beispiel Konzentration besser handhaben.

Gute Arbeiter, denen also der Einsatz der Konzentration im Arbeitsprozeß gelingt, die aber erst einmal intellektuell schwach erscheinen, lassen sich erfahrungsgemäß nach einer gewissen Dauer der Ausbildung auch intellektuell erstaunlich fördern. Die Ausbildung der Offenheit im Arbeitsbereich hilft ihnen offensichtlich, die erworbene Fähigkeit auch bei anderen Aufgaben leichter zu erüben. Die partielle Souveränität, die auf einem Tätigkeitsfeld erobert wurde, gibt ihnen Vertrauen und Sicherheit, sich selbst ein neues Feld aktiv zu erschließen. Sie haben die Voraussetzungen für den Lernprozeß an praktischen Aufgaben erübt und damit ein neues Verhältnis zu ihrer vorherigen seelischen Befindlichkeit hergestellt. Das wird, auch wenn es anfänglich ist, wie eine Befreiung erlebt. Statt der vorher häufig aufgetretenen Stimmung: Das kann ich nicht! Oder: Darauf habe ich Null-Bock, stellt sich eine erste Selbstsicherheit ein, mit welcher neue Aufgaben angegangen werden. Die Blockade gegenüber Anforderungen der Umwelt ist dann partiell durchbrochen. Der Jugendliche wagt es dann, auch intellektuelle Aufgaben anzugehen.

Die bisherigen Beobachtungen bestätigen, daß die Arbeitsaufgaben Herausforderungen für den Arbeiter sind, auf die er aktiv antworten muß. Auch daß sich durch diese aktive Antwort im Arbeiter neue Fähigkeiten bilden, ist beobachtbare Tatsache. Wir haben bisher zwei Ebenen von Antworten unterschieden: die der Fertigkeiten und die der Arbeitshaltungen. Letztere setzen einen Lernprozeß gegenüber dem Leben in Gang und erhalten ihn aufrecht. Sie gehören also zu den wichtigsten Fähigkeiten, die sich ein Mensch im Laufe seines Lebens erwerben kann. Schon an dieser Stelle der Betrachtung kann die Frage auftauchen, ob die heutige Schule nicht viel zu sehr auf Lehrinhalte fixiert ist, welche die herrschende Bildungstradition für unabdingbar hält, und viel zu wenig ihre Aufmerksamkeit darauf richtet, wie an Lehrinhalten beziehungsweise dem übenden Umgang mit ihnen sich Fähigkeiten bilden, die für den Jugendlichen wichtiger sind als die Aufnahme von Wissen.

Die Umgestaltung der bisherigen Seelenstruktur

Das Seelenleben wird ferner durch die drei hauptsächlichen Seelentätigkeiten Denken, Fühlen und Wollen charakterisiert. Diese gliedern sich wiederum in unterschiedliche Äußerungen, zum Beispiel die Empfindung (das Gefühl, das auf die Sinneswahrnehmung antwortet), Verstand, Vernunft und Urteil (bei denen vor allem das Denken am Werke ist) und den trieb- oder motivbestimmten Willen, um nur einige Differenzierungen zu nennen. Im folgenden wird exemplarisch verfolgt, wie praktische Arbeit sie beeinflussen kann.

Die Aktivierung der Sinne

Noch vor jedem Arbeitsvollzug steht die Wahrnehmung der Materialien – und der eigenen Befindlichkeit. Ob eine Fläche glatt gehobelt oder gefeilt ist, muß das Auge oder der Tastsinn entscheiden. Und es ist eine der ersten Arbeitserfahrungen, daß die unausgebildete Beobachtungsfähigkeit beziehungsweise ihre wenig intensive Aktivität eine recht mangelhafte Grundlage für solche Entscheidungen sind. Eine sachgemäße Arbeit kann also nur geleistet werden, wenn die Sinnestätigkeit im Arbeitsprozeß geschärft wird, so daß sie die Grundlage für richtige Urteile liefert. Der Arbeiter muß sich auf seine Wahrnehmung verlassen können. Das gilt besonders bei der Arbeit nach Plan. Geringste Abweichungen des Werkstücks von ihm können es unbrauchbar machen.

Die geschärfte Sinneswahrnehmung wird aber auch gegenüber dem eigenen Tun verlangt. Hier ist sie besonders schwer zu entwikkeln, da beim Menschen die Tendenz vorherrscht, die Tätigkeiten gewissermaßen «schlafend» auszuführen. Gewohnheiten, die der Arbeitsleistung abträglich sind, überhaupt festzustellen, verlangt aber auch, für den Arbeitsprozeß die Wachheit der Wahrnehmung herzustellen. Wie oft kann man Jugendliche beobachten, die trotz großer Motivation (manchmal auch derentwegen) immer wieder denselben Fehler machen, ohne daß ihnen der Fehler auffällt. Sie halten auch falsche Arbeitsergebnisse erst einmal für richtig, weil sie sich bisher keine sorgfältige, genaue Beobachtung erworben haben. Sie haben ihr Bestes geleistet und erwarten daher, daß die Arbeitsleistung diesem «besten Willen» entspricht. Es ist ein Aufwachprozeß, die Fehler beim Werkstück und – später – bei der unangepaßten eigenen Arbeitsweise zu entdecken und sie mit ersten grundlegenden Urteilen zu begleiten.

Für den Beobachter dieses Vorgangs, zum Beispiel den Meister, scheinen die Wahrnehmungsprozesse, die hier verlangt werden, einfach. Der Beobachter wird geradezu verführt, sie als Bagatelle anzusehen und entsprechend – manchmal unwirsch – auf Beobachtungsfehler zu reagieren. Verhält er sich so, vergißt er, wie es ihm selbst im Jugendalter ergangen ist.

Er erinnert sich nicht mehr daran, daß sich die Wahrnehmungsfähigkeit auch bei ihm erst langsam stabilisiert hat. Genaue Beobachtung ist ihm durch jahrelanges Training so selbstverständlich, daß er sein früheres Ringen, sie bei sich herzustellen, vergessen hat. Im Umgang mit den Jugendlichen kann er sich die instabile Wahrnehmungsfähigkeit, die er selbst überwinden mußte, wieder bewußt machen. Er wird dann vielleicht zu der Überzeugung kommen, daß im Jugendalter ein völlig neues Verhältnis zur Wahrnehmungswelt hergestellt werden muß. Das oft träumende Verhältnis zu den Sinnen, das in der Kindheit herrschte, wird zurückgelassen.

So wie der Jugendliche sich in ein bewußtes Verhältnis zu seiner vorgeprägten Bewegungsgestalt setzen muß, so muß er auch in neuer Art seine Sinne ergreifen, um überhaupt genau wahrzunehmen. Praktische Arbeit kann ihm dabei helfen, denn bei ihr wird die Aufmerksamkeit immer auf einen begrenzten Wahrnehmungsraum gerichtet. Noch wichtiger aber ist, daß dieser mit einer gewissen Akribie abgeschritten werden muß, wenn die Arbeit gelingen soll. Diese Anstrengung fordert und fördert die Arbeit selbst.

Während die Beobachtung des Werkstücks den Sehsinn, den Gehörsinn, den Tastsinn fordert, wird die Wahrnehmung des Arbeitsablaufes hauptsächlich vom Gleichgewichtssinn und Bewegungssinn begleitet. Jedes Gewerk bringt spezielle Sinne ins Spiel. Hier war vorerst darauf aufmerksam zu machen, wie der Erwerb von Fertigkeiten und Arbeitshaltungen von dem aktiven Ergreifen der Sinnesorganisation begleitet werden muß.

Die Bedeutung der genauen, sachgemäßen Beobachtung für die sich anschließende erkenntnismäßige Bearbeitung derselben wird allgemein anerkannt. Wahrnehmung und Denken sind die Fundamente, auf denen jede erkennende Tätigkeit aufbaut. Fällt einer der Sinne beim Menschen aus, wird sofort die Behinderung deutlich. Es fällt dann schwerer, ein Verhältnis zur Welt aufzubauen, weil wir von der Welt nur Kunde durch die Sinne erlangen.

Obwohl dies sehr leicht eingesehen werden kann, richtet die Pädagogik so gut wie kein Augenmerk auf die Sinnesschulung. Viele Pädagogen neigen zu der Auffassung, daß bei gesund ausgebildeten Sinnesorganen auch eine gut ausgebildete Sinneswahrnehmung gegeben sei. Dabei könnte schon die Tatsache, daß das Kind andere Sinnesqualitäten wahrnimmt als der Jugendliche, zu der Erkenntnis führen, daß der Gebrauch der Sinnesorganisation (genau wie jener der Bewegungsorganisation) vom Menschen erst erobert werden muß. Wie bei der Bewegungsorganisation der Ausbildung der Geschicklichkeit fast keine Grenzen gesetzt sind, so kann bei dem Ergreifen der Sinnesorganisation die Wahrnehmungsfähigkeit «unendlich» gesteigert werden. Maler sehen Farbnuancierungen, die dem weniger Geübten entgehen. Entsprechendes gilt für den Musiker. Der durch Krankheit oder Unfall blind gewordene Mensch aktiviert meist den Gehör- und Tastsinn und erlebt Sinnesqualitäten, die er vorher (obwohl er die Sinne doch vorher auch schon besaß) nicht wahrgenommen, das heißt verschlafen hat.

Solche Erfahrungen müßten doch eigentlich zu einer bewußten Sinnespflege führen. Dort, wo man ohne die Ausbildung von Fähigkeiten nicht weiterkommt (etwa beim Musikunterricht), wird bewußt die Steigerung der Wahrnehmungsfähigkeit geübt. Was geschieht dabei? So wie bei der Arbeit der Wille sich der Gliedmaßenorganisation bedient, bedient er sich bei der Wahrnehmungsübung der Sinnesorganisation. Deren Ergreifen wird unterstützt durch die Arbeitshaltungen Aufmerksamkeit, Konzentration und so weiter. Dadurch werden neue Qualitäten der Wahrnehmungswelt erfaßt, auf welche die Sinnesempfindung antwortet. Durch den aktiven Lernprozeß werden neue Erfahrungen ins Bewußtsein gehoben. Der Raum der Erfahrungen wird erweitert.

Pädagogisch gesehen, bietet sich eine spezielle Sinnespflege dort an, wo Aufgaben gestellt werden, die ohne eine Steigerung üblicher Sinneserfahrung (die erfahrungsgemäß sehr ungenau sein kann) nicht zu lösen sind, etwa beim Experimentieren, bei künstlerischen Gestaltungsaufgaben – und bei der berufsorientierten Arbeit.

Die Urteilsfähigkeit, die das Arbeiten begleitet

Die Ergebnisse des Wahrnehmungs- und eines ersten Denkprozesses werden in Urteilen festgehalten: «Die geschmiedete Vierkantspitze sitzt genau in der Achse des Vierkantstabes.» «Die gefeilte Fläche ist absolut plan. Ihre Größe entspricht den geforderten Maßen von ...» Diese Urteile sind durch Wahrnehmungen gestützt. Fehlurteile werden durch die Werkstückkontrolle sofort korrigiert. Die Urteile werden unmittelbar an den Tatsachen formuliert und notfalls berichtigt. Die Sache beherrscht das Urteilen. Mit ihm wird die Sache einsichtig gemacht.

Man kann den Einwand haben, daß die hier gebildeten Urteile sehr einfach sind, daß Denken und Urteilen im Arbeitsprozeß eine bescheidene Rolle spielen. Werden die Jugendlichen aber angehalten, Aufträge selbständig auszuführen, das heißt sich um die Organisation der Hilfsmittel (Werkzeuge und Maschinen) zu kümmern, den günstigsten Arbeitsablauf zu finden und dementsprechend eine Team-Arbeit zu organisieren, ändert sich das schnell. Untersucht man die Denkanforderung während einer gesamten Ausbildung zum Facharbeiter, wenn diese nach pädagogischen Gesichtspunkten durchgeführt wird, so stellt man überrascht fest, daß sämtliche analysierbaren unterschiedlichen Denkprozesse gefordert und damit auch durch Arbeit gefördert werden. Pädagogisch durchgeführtes Arrangement von Ausbildung führt – auf einem anderen als dem heute üblichen Weg – durchaus zu einer qualifizierten Denkschulung.

Aber auch schon bei einer berufsorientierten Grundbildung, wie sie an verschiedenen Schulen gehandhabt wird, können zwei Denkhaltungen angelegt werden, die für die Biographie des Schülers bedeutsam sind. Die erste ist die Einsicht: Erkenntnis kann nur im wirklichen Eingehen auf die Tatsachen gefunden werden. Es gibt eine Tatsachenlogik, die es zu ergründen gilt. Goethe faßt diese noch viel zu wenig berücksichtigte Erkenntnishaltung in die Worte: Die Phänomene sind die Theorie. Während Goethe dieses Erkenntnisbemühen auf die Natur angewendet wissen wollte, um deren Wesen zu erfahren, führt ihre Anwendung auf die Technik – so merkwürdig das klingen mag – auch zu einer genaueren Erkenntnis des Menschen. Denn alle Arbeitsprozesse, die in einer beruflich orientierten Ausbildung vollzogen werden, sind durch Erfindungen der Menschen bestimmt und geordnet worden. Im Nachvollzug wird die Intelligenz erfahren, die in die Technik eingeflossen ist (und auch heute noch einfließt). Die Geschichte der Technik bildet ein wesentliches Kapitel der Kulturgeschichte der Menschheit. Diese kann am besten vom Jugendlichen erfahren werden, wenn er exemplarisch bestimmte Kapitel nacharbeitet.

Und eine zweite wichtige Tatsache kann sehr lebendig in der berufsorientierten Unterweisung erfahren werden: Gedanken und Urteile haben Folgen. Auch falsche Urteile und Überlegungen haben Folgen, zum Beispiel die, daß das mühselig hergestellte Werkstück «Schrott» ist, also nutzlose und damit vergeudete Arbeit. Der übernommene Auftrag macht deutlich, daß Folgen ungenügender Arbeit nicht in die Welt gehen können; der Fehler muß korrigiert, ja nicht selten das ganze Werkstück von Grund auf neu gefertigt werden. Exemplarisch die wirtschaftlichen und sozialen Konsequenzen ungenügender Arbeit konkret zu verfolgen schafft eine besondere Form der «Aufklärung». Die wirklichkeitschaffende Kraft des Gedankens wird dabei konkret erlebbar.

Verantwortungsgefühl

Daß Verantwortung in der heutigen (und in jeder) Gesellschaft notwendig und gefragt ist, wird von niemandem bezweifelt. Weil ein Defizit an Verantwortungsfreudigkeit heute festgestellt wird, entstehen verbale Appelle, die zur Verantwortung aufrufen. Viel interessanter aber ist die Frage: Wie ist Verantwortung in der Erziehung praktisch zu entwickeln?

Sachgemäß wird vom Verantwortungs*gefühl* gesprochen. Fehlt dieses Gefühl, wird Verantwortung nicht übernommen. Der Bereich der Verantwortung ist nicht der einzige, der durch ein Gefühl getragen wird. Wir sprechen vom Rechtsempfinden, durch dessen Aktivität Rechtsformen gefunden werden. Verkümmert es, werden auch bestehende Rechtsnormen willkürlich durchbrochen. Nur das Gefühl für Ordnung läßt den Menschen sich aus eigenem Entschluß in die Rechtsordnung einfügen. Beobachten wir eine Verletzung des Taktes, der Höflichkeit, des Anstands und so weiter, so formulieren wir diesen Tatbestand mit den Worten: Dieser Mensch hat kein Gefühl dafür. Wir drücken damit aus, daß er die Belehrungen über die Notwendigkeit von Verantwortung, Recht und Sitte im menschlichen Zusammenleben nicht verinnerlicht hat. Das heißt nichts anderes als: Die Belehrung hat sein Gemüt nicht erreicht. Offensichtlich verhindert dieser Mangel eine Identifikation des Belehrten mit den Lerninhalten. Sie bleiben dann für ihn unverbindlich. Das hat für ihn wie für die Gesellschaft einschneidende Folgen, denn dieser Mangel mündet nicht selten in eine persönliche Orientierungslosigkeit und letztlich auch in willkürliches Verhalten innerhalb der Gesellschaft. Sowohl die Persönlichkeit als auch die Gesellschaft leiden unter diesem Zustand. Hier liegt die Wurzel für eine Tatsache, die wir zunehmend beobachten können: die Diskrepanz zwischen Denken und Handeln. Sie weist auf eine leise (manchmal auch tiefe) Spaltung der Persönlichkeit hin. Richtiges (also sachgemäßes) Denken allein genügt offensichtlich nicht, um entsprechende Handlungen hervorzubringen. Die Identifikation mit den Gedanken tritt erst dann ein, wenn die Gedanken erlebt, das heißt mit Gefühlen begleitet werden. Erst dann wird der Gedanke zum Lebensinhalt der Person. Wer dies erkennt, wird eine Gefühlserziehung für außerordentlich wichtig erachten.

Formuliert man eine solche (erst einmal abstrakte) Forderung, so kann man sicher sein, daß sich viele Einwände gegen sie erheben. Das Gefühl sei eine ganz persönliche Äußerung. Sie könne nicht durch Beeinflussung von außen normiert werden. Wenn eine Gefühlserziehung eine *Normierung* der Gefühle im Sinn hätte, wäre sie in der Tat eine schreckliche Erscheinung. Gleichzeitig müssen wir uns aber eingestehen, daß gerade dies in vielen Bereichen versucht wird. Und wir wissen, wie stark eine solche Gefühlserziehung wirken kann. Die

Werbung und die Politik zum Beispiel setzen auf sie. Der Agitator weiß, daß er nur dadurch, daß er mit seinen Gedanken auch Gefühle zu mobilisieren vermag, den Menschen bindet. Er will bewußt die Identifikation der Menschen mit seinen Ideen beeinflussen. Welches Unheil dadurch geschaffen wurde, hat die Geschichte unseres Jahrhunderts zur Genüge gelehrt. Jede Aufklärung muß sich deshalb gegen eine solche Vorprägung der Gefühle wenden. Sie setzt aber damit nicht außer Kraft, daß die Identifikation mit Gedanken über das Gefühl läuft. Indem sie gegen den Mißbrauch dieser Tatsache (zu Recht) kämpft, bestätigt sie zugleich die Tatsache selbst.

Im Gegenwurf zu agitatorischen Tendenzen entsteht die Forderung nach Sachlichkeit, und diese wiederum hat im Gefolge die Wissenschaftsorientiertheit der Schule. Dagegen wäre erst einmal überhaupt nichts einzuwenden, wenn die Wissenschaftsorientiertheit auch das Problem der Identifikation des Schülers mit den Gedanken im Auge hätte. Auch der in der wissenschaftlichen Diskussion gesicherte Gedanke bedarf, soll er handlungsleitend werden, der Begleitung durch das Gefühl. Fehlt ihm diese, so bleibt er gewissermaßen im Kopf stecken. Die hauptsächlichste Folge davon ist die bereits erwähnte Kluft zwischen Denken und Handeln. Wie kann sie überbrückt werden?

Jedes wirkliche Erleben der Erkenntnisse, die im Unterricht vollzogen werden, ist eine solche Brücke. Denn jedes Erleben aktiviert das Gefühl. Dem Erleben steht in der gegenwärtigen Schule viel entgegen. Hier sei nur eine Verhaltensweise heutiger Schule exemplarisch erwähnt. Die Fülle des Wissens, die die Schule laut Lehrplan zu vermitteln hat, drängt den Schüler dazu, den Stoff nur gedächtnismäßig aufzufassen. Abgesehen davon, daß er dann meist schnell wieder vergessen wird (was den Mangel an Identifikation schon andeutet), gerät ihm alles zum bloßen Kopfwissen. Das Erleben der Unterrichtsinhalte muß zurücktreten. Das aber verursacht Identifikationsschwäche. Beim Schüler stellt sich höchstens ein generelles Gefühl der Unlust ein, diesen Stil, der an den Bedürfnissen der Menschennatur vorbeilebt, ertragen zu müssen. Die Schule ist in der Tat erlebnisarm geworden.

Und bei dem hier Vorgetragenen geht es gar nicht um ein Erleben an sich (etwa durch zusätzliche Veranstaltungen der Schule, obwohl diese häufig als wohltätig empfunden werden), sondern um das Erleben an allen Erkenntnissen, die zur Bewältigung des Lebens notwendig sind. Ins einzelne gedacht, würde das zu einer grundlegenden Reform der gesamten Methodik und Didaktik führen.

Was damit gemeint ist, läßt sich am besten an einzelnen Beispielen aufzeigen. Da das zu verfolgende Hauptthema berufsorientierte Bildung ist, wählen wir Beispiele aus diesem Bereich.

Die Schmiede verformt ein Vierkanteisen. Der Meister kann (und das ist in kürzester Zeit möglich) rekapitulieren, welche Arbeit notwendig war, dieses Ausgangsprodukt für weitere Verformung herzustellen. Wenigstens fünf wichtige Elemente müssen verdeutlicht werden: der Bergbau, der Transport, die Verhüttung, die Verformung, die dafür eingesetzte Energie. Dabei können verschiedene Schwerpunkte gesetzt werden: die Aufklärung über die angewendete Technik, die physikalisch-chemischen Prozesse bei der Verhüttung – oder (was selten geschieht) die Arbeitsbedingungen, unter denen das Produkt seine jetzige Form gewonnen hat. Diese sind im vorliegenden Falle mühsam und schwer. Das Ziel solcher Rekapitulation könnte sein, daß das Ausgangsprodukt ein Ergebnis der Naturgrundlage und vielfältiger menschlicher Arbeit ist. Aus diesen Schilderungen entspringen Empfindungen und Gefühle. Sie können zusammengefaßt werden in dem Gefühl der Achtung vor dem Ausgangsmaterial. Diese Achtung war vor der Ära der Wegwerfgesellschaft noch ein fast selbstverständliches Gefühl. Man reparierte deshalb viel. Erst die Wohlstandsgesellschaft hat dieses Gefühl verdrängt. Die Erkenntnis, welche Folgen die Wegwerfgesellschaft für die natürlichen Ressourcen hat, könnte eine solche «Gefühlskultur» wiederbeleben. Die ökologischen Überlegungen machen eine solche «neue» Gefühlskultur geradezu notwendig. Ebenso sicher aber ist, daß Betrachtungen über alle fünf Voraussetzungen dafür, daß das Ausgangsmaterial vorliegt, so geführt werden können, daß das dabei zutage gebrachte Wissen ohne Gefühle auskommt.

Die Achtung vor dem Ausgangsprodukt ist ihrerseits Grundlage für das Gefühl der Verantwortung, also für den bewußten Umgang mit diesem Ausgangsmaterial. Sie kann unterstützt werden durch ökonomische Betrachtungen. Der Materialaufwand ist ja eine Kostenstelle für die Kalkulation des Preises, der für das Endprodukt verlangt werden muß. Dieser entscheidet einerseits über die Konkurrenzfähigkeit des Betriebes und andererseits darüber, ob Käufer sich das Produkt leisten können. Der Aufbau des Verantwortungsgefühls wird also aus Sachbetrachtungen gewonnen. Er folgt den Maximen Goethes über die Ehrfurchten aus der Pädagogischen Provinz des Wilhelm Meister. Die Ehrfurcht vor dem, was unter uns ist, lenkt den Blick auf die Naturgrundlage. Die Ehrfurcht vor dem, was neben uns ist, läßt uns die Arbeit der Menschen erfassen, die in das Ausgangsmaterial eingeflossen ist. Das Gefühl der Verantwortung läßt sich also nur entwickeln, wenn die Achtung (Ehrfurcht) vor der Ausgangsposition der Arbeit geklärt wird. Den Betrachtungen darüber werden solche Gefühle nicht aufgepfropft oder gar übergestülpt, sondern sie ergeben sich aus der Besinnung über die Tatsachen, wenn deren Bildung nur angeregt wird.

Didaktisch interessant ist, daß das immanente Wesen einer so einfachen Sache, wie sie zum Beispiel der Vierkantstab ist, nur durch weit ausgreifende Betrachtungen erschlossen und erlebt werden kann. Erst von diesem Umkreis her wird die bedeutungslos scheinende Sache «erhellt». Erst jetzt ist eine erste Einordnung in den Zusammenhang, aus dem sie richtig bewertet werden kann, gelungen. Die Stellung der betreffenden Sache im Arbeitsleben ist einsichtig.

Ein zweites, willkürlich gewähltes Beispiel, an dem die Erfordernisse heutiger Arbeitsorganisation erkannt werden, ist der Umgang des Arbeiters mit der Zeit. Die Jugendlichen erfahren, daß die Arbeit ihnen nur langsam von der Hand geht. Die Gestalt neuer Fertigkeiten ist eben noch unzulänglich ausgebildet. Aber das ist nicht der einzige Grund für das langsame Fortschreiten der Arbeit. Noch ist den Jugendlichen auch die effektivste Folge des Arbeitsablaufes nicht selbstverständlich. Das führt zu laufenden Unterbrechungen und Rückfragen. Auch die Ausbildung der Arbeitshaltungen steht noch am Anfang. Zum Beispiel ist die Ablenkung durch Arbeiten, die andere verrichten, noch sehr groß. Ferner sind die Lebensbedingungen des Betriebes, in dem man arbeitet, noch ein Buch mit sieben Siegeln. Man hat weder Einsicht noch Gefühl dafür, wie die eigene Tätigkeit im Betrieb zu bewerten ist.

Man beobachtet aber auch den Fortschritt der Arbeit beim Meister, wenn dieser, von Rückfragen und Telefon unbehelligt, zielvoll arbeiten kann. Der Jugendliche ist vielleicht erstaunt, wie schnell diese fortschreitet. Aber es bleibt bei Einzelerfahrungen, denen der Zusammenhang fehlt.

Ein Gespräch über die Kosten des Betriebes kann den Zusammenhang herstellen. Die «Lohnkosten» sind der größte Kostenfaktor; auf ihn muß jeder Betrieb besonders achten. Soll ein Kostenvoranschlag Aussicht haben, vom Auftraggeber angenommen zu werden, muß dieser Faktor genau bemessen sein. Damit ist die zur Verfügung stehende Arbeitszeit klar vorgegeben. Wird sie überschritten, fährt der Betrieb Verlust ein. Prüft man, wieviel Arbeitszeit die Jugendlichen brauchen, um einen solchen Auftrag abzuwickeln, so zeigt sich, daß das durch den Kostenvoranschlag vorgegebene Maß weit überschritten ist. Das heißt im Klartext, daß ein Betrieb mit solchen Arbeitskräften nicht existenzfähig wäre. Er wäre es erst, wenn die Arbeitszeit auf die Hälfte (manchmal mehr) reduziert würde. An diesem Vergleich kann eine Reihe von Tatsachen festgemacht werden. Unter anderem:

- Um lebenstüchtig zu werden, brauchen die Jugendlichen noch ein recht großes Maß an Übung. Auch wenn sie den Auftrag selbständig abwickeln können, sind sie noch keine «vollwertigen» Arbeiter.
- Ein Rückblick auf die bisherige Arbeitsweise zeigt, daß jeder recht bewußtlos mit der Zeit umgegangen ist. Es fehlte die gezielte Aufmerksamkeit für die Auswirkungen solch «unverbindlicher» Arbeit. Auf diese Erkenntnis hin können viele unnötige Unterbrechungen der Arbeit schnell abgestellt werden, so daß Zeit eingespart wird.
- Auch wenn die Jugendlichen in keinem Arbeitsverhältnis zu dem Meister stehen, kann ihnen die wechselseitige Abhängigkeit von Meister und Mitarbeitern aufgehen. Nicht nur die Fehlkalkulation gefährdet den Arbeitsplatz, sondern auch die «säumigen» Arbeiter. Die Umstände von Arbeitslosigkeit und/oder Betriebsauflösung können leicht imaginiert und durchgespielt werden. Die daraus resultierende existentielle Not für alle Beteiligten kann leicht mitempfunden werden.

Alle drei Aspekte berühren die Jugendlichen, sofern man nicht bei den Tatsachen und Urteilen stehenbleibt, sondern auch die Folgen für die Menschen aufzeigt. Das ist bei dem letzten Aspekt der Fall. Er demonstriert, wird er nur zu Ende gedacht, daß die wechselseitige Abhängigkeit von Arbeiter und Meister auch eine wechselseitige

Verantwortung des einen für den anderen einschließt. Diese aber bildet sich erst dann, wenn das Gefühl die Tatsachen durchdringt beziehungsweise an ihnen entwickelt wird. Freilich ist für eine solche Gefühlsbildung die Offenlegung der finanziellen Gegebenheiten des Betriebes nötig und eine Darstellung, wie er am Markt (das heißt im Wettbewerb) steht. Davor schrecken manche Betriebsleiter zurück, weil in dem Zusammenhang unter Umständen auch Tatsachen offenkundig werden, die ihnen unangenehm sind.

Mit solchen Betrachtungen wird ein Stück Wirtschaftskunde in die praktische Ausbildung eingeschaltet. Bei kurz bemessenen Ausbildungszeiten wird sie unterbleiben, weil sonst die Bildung der Fertigkeiten und die Entwicklung der Arbeitshaltungen zu kurz kommt. Sie könnte dann von «Schulseite» übernommen werden. Die Crux ist nur, daß der Lehrer die existentiellen Bedingungen und Nöte eines Betriebes nie durchlebt beziehungsweise durchlitten hat. Dadurch fehlt dem Lehrer der «Hintergrund», der wesentlich dazu beiträgt, daß solche Erörterungen ernsthaft aufgenommen werden und wirksam sind. Hier wird ein Abstimmungsproblem zwischen Schule und kooperierenden Werkstätten deutlich. Das aber stellt die Möglichkeit, eine Gefühlskultur im Werkstattbereich zu bilden, in dem ein Lebenszusammenhang gemeinsam erörtert wird, nicht in Frage.

Die bisherige Struktur der Schule ist nicht besonders geeignet, solche «Lebenszusammenhänge» aufzuzeigen. Das Fächerprinzip zerschneidet die Wirklichkeit mehr oder weniger willkürlich. Die Zersplitterung eines Faches in Einzelstunden tut ein übriges. Die Vorgaben der Lehrpläne, die unter ganz anderen (meist fachwissenschaftlichen) Gesichtspunkten gestaltet wurden, sind wiederum fächerorientiert. Deshalb ist die sich aus den Überlegungen ergebende Maxime, daß jeder Unterricht «Lebenskunde» geben müßte, schwer zu realisieren.

Zusammenfassung der Beispiele für die Ausbildung von Seelenfähigkeiten

Auch auf der Ebene der Seelenfähigkeiten von Denken, Fühlen und Wollen (welche die beweglichste, flukturierendste der angesprochenen Befindlichkeiten des Menschen ist) fordert die zu leistende Arbeit zur Bildung ganz bestimmter Formen des Seelenlebens auf. Wir haben das mit drei Beispielen (Wahrnehmungsfähigkeit, Urteilsfähigkeit, Gefühlsfähigkeit – Verantwortung) belegt. Die Beispiele ließen sich beliebig vermehren. Daß der Arbeiter seinen Willen bei der Arbeit nach Maßgabe des Sinns der Arbeitsaufgabe formen und einsetzen muß, bedarf sicher keiner besonderen Erörterung. Diese Tatsache springt gleichsam in die Augen.

Auf dem Sektor der Gefühlsbildung wären vielleicht weitere Beispiele angebracht, denn sie ist heute die am wenigsten beachtete Form der Erziehung. Das ist nicht nur zu bedauern, sondern zeigt gravierende Folgen für die so erzogenen Menschen. Wir haben wenigstens angedeutet, daß der Mensch ohne ein kräftiges Erleben der Ideen leicht die Souveränität ihnen gegenüber verliert. Gedanken, die oft nur einen Aspekt des Wesens bieten, gewinnen dann eine bestimmende Macht über menschliche Handlungen. Der Mensch verliert dabei die Offenheit gegenüber der zu gestaltenden Situation. Seine Handlungen werden einseitig und unfruchtbar für das Leben. Was aber das folgenreichste ist: Der Mensch verliert dabei (zumindest partiell) seine Fähigkeit, aus Freiheit zu handeln. Wäre dies allgemein bekannt, würde man gerade auf die Ausbildung der Empfindung und des Gefühls in der Erziehung den allergrößten Wert legen.

Wir müssen also die bisherige Darstellung der Wirkungen von Arbeit auf den Menschen vervollständigen. Arbeit an der Welt drängt nicht nur auf eine Veränderung der Bewegungsgestalt und der Lebenshaltungen, sondern auch auf eine Neugestaltung des eigentlichen Seelenlebens. Genaugenommen richtet die Welt diese Aufforderungen an das Ich des Menschen, von dem einzig und allein jede Neugestaltung ausgehen kann. Eingetretene Veränderungen auf allen drei besprochenen Ebenen sind dann Ausdruck dafür, daß das Ich tätig geworden ist.

Die drei Ebenen stellen umgekehrt drei Instrumente des Ich dar, die Gestaltung der Welt nach seinen Bedürfnissen zu verändern. Bildhaft gesprochen: In der Auseinandersetzung mit der Welt, das heißt der Naturgrundlage und der vorgefundenen Zivilisation und Kultur, wird diese, falls Willen dafür aufgebracht wird, schrittweise (aber auch laufend) verbessert. Das Ich lernt am Leben.

Wir haben bei einer differenzierten Betrachtung der Arbeitshaltungen gesehen, daß deren fruchtbare Mittellage zwei gegenläufigen Tendenzen abgerungen werden muß. Diese Tendenzen (Verfestigung und Auflösung) sind auch auf der dritten Ebene wirksam. Das läßt sich leicht am Denken aufzeigen. Richten wir die Aufmerksamkeit auf den Denkstil, das heißt auf die Art und Weise, wie das Denken gehandhabt wird, so können wir diese Gegenkräfte, die einer gesunden Handhabung des Denkens entgegenstehen, sofort ausmachen. Ganz allgemein spricht man von flüchtigen Gedanken. Daß diese zu keiner gesicherten Erkenntnis führen, versteht sich von selbst. Denn Erkenntnis kann nur aus einer gründlichen Zusammenfassung unterschiedlichster Gesichtspunkte zu ein und derselben Sache erworben werden. Dazu aber fehlt der flüchtigen Denkart die Kraft. Sie versprüht im Bilden von Einzelbegriffen, der Impuls, diese konzentriert zusammenzuschauen, geht ihr ab. Sie verläßt die Gediegenheit, die immer wieder (z.B. die Widerspruchslosigkeit der Gedanken) prüft und wägt, verliert sich in Zufallsprodukten, die zwar mit dem Denken hervorgebracht werden, aber dessen Wesen eigentlich verraten. Das Denken löst sich auf und macht gedanklichen Impressionen Platz, die zufällig sind.

Dieser Denkart steht eine zweite konträr gegenüber. Für sie ist das Festhalten an einmal gefundenen Vorstellungen (also an durch die Wahrnehmung individualisierten Begriffen) charakteristisch. Einmal gewonnene Begriffe zu verändern, fällt schwer. Tatsachen werden leicht negiert, damit die einmal gewonnene Vorstellung aufrechterhalten werden kann. Dasselbe gilt für Gedankenzusammenhänge. Sie gewinnen dadurch ein von der Person nicht beherrschtes Eigenleben, das ihre Korrektur verhindert. Solche Begriffe werden leicht zum Dogma.

Erst wenn Aufmerksamkeit, innere Ruhe und Konzentration in den Denkprozeß eingebracht werden, entsteht jene fruchtbare Balance, mit der die Person (das Ich) souverän das Denken als Instrument handhabt. Aufforderung, dies zu tun, kann – wie wir schon erwähnt haben – das Erleben der Gedanken mit dem Gefühl sein. Die Gefühle werden dann zu Wahrnehmungsorganen für einen flüchtigen oder verfestigten (vertrockneten) Denkstil und beleben das Urteilen, so daß beide Abwege korrigiert werden können.

An diesen Seelenbeobachtungen kann man erfahren, daß das, was die analytische Betrachtung zur besseren Klarheit erst einmal trennen mußte, in Wirklichkeit zusammenspielt: Die Arbeitshaltungen und die Seelenfähigkeiten wirken zusammen, und das geschieht nicht nur im Arbeitsprozeß, sondern auch im Erkenntnisprozeß.

Noch auffälliger ist die Verfestigungs- beziehungsweise Auflösetendenz bei den Gefühlen. Es gibt Gefühle, die den Menschen (vor allem im Sozialen) völlig isolieren. Eine der extremsten Äußerungen dieser Verfestigungstendenz ist der Haß. Beherrscht er das Seelenleben, ist es kaum möglich, daß in seiner Nachbarschaft andere Gefühle sich entfalten können, denn der Haß verdrängt sie. Das Verantwortungsgefühl zum Beispiel bildet sich im Erleben eines Zusammenhangs, an welchen die Seele sich unvoreingenommen hingibt. Die Geste der Selbstlosigkeit ist der Nährboden für das Wachstum dieses Gefühls. Der Egoismus, also das gesteigerte Selbstgefühl, wird Verantwortung für eine Sache und einen anderen Menschen schwer aufkommen lassen. Beide Bildegesten widersprechen sich.

Ebensowenig sind jene Gefühle, die den Menschen in einem ekstatischen Zustand begleiten, geeignet, Verantwortung zu begründen. Freude, Begeisterung, die zu den schönsten Gefühlen des Menschen gehören, werden, wenn sie ihr Maß verlieren, zu Verführern des Menschen. Für das Bewußtsein wirken sie wie ein Rausch und führen es leicht in eine mystische Überheblichkeit, die dem Bewußtsein, aus welchem Verantwortungsgefühl entspringen kann, völlig fremd ist. Sie verzerren die Verhältnisse der Sachbezüge. Ein besonnenes Denken hat es ungemein schwer, gegen solch maßlose Gefühle anzukämpfen. Jedes Gefühl, bei dem die Sympathie- oder die Antipathieseite ihr Maß verliert, wird zum Hemmschuh für das Ich, auf die Anforderungen der Welt und die Gestaltungsmöglichkeiten, die sie bietet, einzugehen. Es versperrt die gesunde Offenheit der Seele. Das Überraschende ist, daß diese Wirkung nicht nur von Gefühlen ausgeht, welche die Seele in sich verfestigen, sondern auch von solchen, welche sie für die Welt öffnen, sobald sie dabei das Maß verlieren.

Zusammengefaßt ergibt sich: Die Welt stellt Anforderungen. Auf sie antwortet der Mensch im Idealfall mit Fertigkeiten, Arbeitshaltungen, mit gesteigerten seelischen Fähigkeiten. Die letzteren beiden müssen den gegenläufigen Tendenzen von Verfestigung und Auflösung abgerungen werden. Arbeit ist, wenn auf sie «richtig» geantwortet wird, eine Lebensschule. Sie ist neben der Wirkung, die sie für die Umgestaltung der Welt hat, vor allem ein Mittel der Selbsterziehung.

Äußere und innere Vorbedingungen für die geschilderten Lernprozesse

Der Erlebnishunger der Jugendlichen legt es nahe, die Arbeitsaufgaben nicht künstlich zu gestalten, sondern – wenn irgend möglich – aus real vorhandenen Aufträgen auszuwählen. An der simulierten Aufgabe, die auf «richtige» Arbeit vorbereiten soll, hat der Jugendliche in der Regel kein Interesse. Bisher hat die Schule, auch wenn sie das Kind an das Leben heranführt, es doch – bildhaft gesprochen – im Vorgarten des Lebens gelassen. Der seelische Umbruch in der Pubertät aber läßt den Jugendlichen auf Primär-Erfahrungen im realen Leben drängen. Wenn ihm die Schule diese vorenthält, sucht er sie auf Erfahrungsfeldern außerhalb der Schule. Die bislang beschützende Geste von Lehrern und Eltern, die bewußt manches Erfahrungsfeld (mit wechselndem Erfolg) ausklammerte, hat sich in der Pubertät in eine begleitende zu verwandeln. Das verstärkte Interesse am Jugendlichen – und die Zurückhaltung des Erwachsenen sind jetzt gefragt.

Wenn etwa eine Schule die Zusammenarbeit mit einer Gruppe selbständiger Handwerker sucht, sind größere Chancen gegeben, daß die Lebensrealität nicht zu kurz kommt. Die Meister haben den Beweis erbracht, daß sie sich im heutigen Wirtschaftsleben behaupten können. Sie haben ihren Betrieb rentabel halten können. Es ist alltägliches Wirtschaftsleben, was sich in ihren Betrieben abspielt.

Die Hauptschwierigkeit für die Meister bei dieser Kooperation besteht darin, im laufenden Betrieb jene Arbeiten zu finden, die mit einem Ausbildungsstand zu vereinbaren sind, der am Anfang der Kooperation gleich Null ist, aber auch später nur langsam zunimmt.

Die zweite Schwierigkeit ist, sich von dem alten Lernstil des Vor- und Nachmachens zu lösen. Statt dessen sollen die Jugendlichen einen gewissen Freiraum haben zu entdecken, welche die beste Arbeitsweise für die vorliegende Aufgabe ist. Dazu gehören, wenn an echten Aufträgen gearbeitet wird, Mut und Geduld. Werden beide Verhaltensweisen aber nicht aufgebracht, «verschult» auch die Ausbildung. Jene Arbeitsweise des fremdgesteuerten Lernens, die in der Schule vorherrscht, würde fortgesetzt. Der Jugendliche hätte dann das Gefühl, daß er zwar mit neuen Lerninhalten konfrontiert wird, der Arbeitsstil aber der alte bleibt. Das entspricht nicht den elementaren Bedürfnissen, die im Jugendalter erwachen. Der Jugendliche bekommt erst dann eine Motivation für die ungewöhnlichen Aufgaben praktischer Arbeit, wenn auf diese Bedürfnisse Rücksicht genommen wird. Entdeckendes Lernen ist gefragt (darauf wird noch ausführlicher eingegangen werden).

Hinsichtlich der entdeckenden Methode tritt meist eine weitere, tiefgreifende Schwierigkeit auf. Die Meister, Fachleute in ihrem jeweiligen Beruf, sind auf dem Gebiet der Pädagogik Laien. Ihre diesbezüglichen Erfahrungen beschränken sich meist auf die Erinnerung an die eigene Lehrzeit. Gerade diese Erfahrungen sind aber mit den hier vorgetragenen pädagogischen Absichten nicht vereinbar. Deshalb ist es zweckmäßig, eine sogenannte Werkstattkonferenz einzurichten, in der kontinuierlich relevante pädagogische Themen behandelt und die Erfahrungen gemeinsam von Lehrern und Meistern reflektiert werden. Die Arbeit dieser Konferenz ist zentral wichtig, um Schwierigkeiten vorzubeugen. Denn nichts ist auch für die pädagogische Wirkung von Arbeit so abträglich wie eingeschliffene Routine. Wer Jugendliche zur Beweglichkeit anregen will, muß auch sich selbst beweglich halten.

Sollen die dargestellten pädagogischen Wirkungen von Arbeit sich wirklich einstellen, muß zum Üben der berufsorientierten Arbeit ein genügend großer Zeitraum eingeräumt werden. Daß das neben der «üblichen» Schule mit ihrem bisherigen Stundenplan schwierig ist, wird jeder sofort erkennen. Eine realistische Einschätzung der dafür notwendigen Zeit wird durch eine Tatsache leicht verstellt. Da die Jugendlichen in den Werkstätten völlig neue Arbeitsverhältnisse vorfinden, die sie in der Regel interessieren, sind die Aufwacherlebnisse an der Arbeit (und am eigenen Verhalten) relativ stark. Die neuen Erlebnisse beeindrucken – und das ist erfreulich. Sie leben auch bei einer viel später durchgeführten Rückschau sehr frisch in der Erinnerung. Schaut man auf diesen Effekt, ist man geneigt zu meinen, daß der Zeitraum, in dem die Schüler die Werkstätten besuchen, knapp bemessen sein kann. Es scheint möglich, ihn in einem verlängerten Praktikum zu erreichen. Hauptsächlich das Erleben der Jugendlichen wird durch die neuen Lebenserfahrungen angeregt. Neue Sichtweisen, Gefühle, Erkenntnisse stellen sich ein. Das ist erfreulich, denn es bringt das Seelenleben der Jugendlichen in Bewegung, und diese neue Anregung resultiert aus einer (gewiß partiellen) Begegnung mit konkreten Lebensverhältnissen. Die in allen Jugendlichen lebende Intention, sich im heutigen Leben, wie es ist, zu «behausen», wird befriedigt.

Geht man von einem ganz anderen Gesichtspunkt an dasselbe Problem heran, nämlich dem der individuell erbrachten Leistung, die in dieser Zeit möglich ist, beurteilt man das Problem der nötigen Übungszeit skeptischer. Sollen die vorher beschriebenen Umgestaltungen im persönlichen Gefüge wirklich in Gang gesetzt werden, sind längere Übzeiten wünschenswert. Die Fähigkeiten nur anzustoßen und dann doch nicht (wenigstens in einem vertretbaren Maße) ausgebildet zu haben, bedeutet, wie wir gesehen haben, für den Jugendlichen schon viel, aber erreicht noch nicht die mögliche Umwandlung der Person. Hier ist im Interesse der Schule und der Schüler eine gewisse Strenge der Beurteilung gefordert. Die Maßstäbe für eine effektive Ausbildung würden sich am zweckmäßigsten in Konferenzen ergeben, die schulübergreifend alle jene Menschen zusammenführen, die mit solcher Arbeit (meist langjährige) Erfahrungen haben.

Bei dem Finden angemessener Maßstäbe spielt eine wesentliche Rolle, in welcher Klassenstufe mit berufsorientierter Arbeit begonnen, wie sie durchgeführt wird und wie sie in den übrigen Lehrplan integriert ist.

Diese wenigen Hinweise mögen genügen, um das Bewußtsein dafür zu schärfen, daß es eine ganze Reihe von Vorbedingungen gibt, wenn die beschriebenen Wirkungen eintreten sollen. Bevor auf weitere Vorbedingungen genauer eingegangen wird, soll der Herstellungsprozeß eines Produktes verfolgt werden. Denn dieser zeigt weitere pädagogische Möglichkeiten der Arbeit, die noch nicht besprochen wurden.

Der Herstellungsprozeß eines Produktes

Ein anderer Weg, die pädagogische Wirkung von Arbeit aufzuspüren und sich bewußt zu machen, ist die genaue Betrachtung der dabei zu vollziehenden Arbeitsschritte. Sie soll in diesem Kapitel erfolgen. Dabei wird der Arbeitsprozeß als ein Ganzes betrachtet. Die pädagogische Wirkung von Arbeit verändert sich bei Arbeitsteilung stark. Das speziell aufzuzeigen, liegt aber keine Notwendigkeit vor, da in den meisten praktischen Versuchen die Arbeitsteilung nur begrenzt vorkommt.

Schon die übliche Arbeitsteilung zeigt, daß für die Herstellung eines Produktes unterschiedliche Arbeitsschritte notwendig sind. Nach der herkömmlichen Gliederung sind dies die drei Bereiche: Arbeitsplanung, Durchführung der Arbeit (Produktion) und Kontrolle der Produkte.

Diese drei Arbeitsschritte verlangen sehr unterschiedliche Fähigkeiten. Die Arbeitsvorbereitung bedarf vor allem der Vorstellungskraft, ja der Phantasie, und des Vergleichens verschiedener Lösungen (also des Urteils). Dies sind Tätigkeiten, die dem kognitiven Bereich zuzuordnen sind. Dagegen ruft die Durchführung der Arbeit vor allem Fertigkeiten ab, die im motorischen Bereich zu Hause sind, und außerdem Arbeitshaltungen.

Schon diese einfache Beobachtung zeigt, daß der einheitliche Herstellungsprozeß bei den einzelnen Arbeitsetappen ganz verschiedene Herausforderungen an den Menschen stellt, daß der Arbeiter also jeweils anders auf sie antworten muß. Diese Herausforderungen aber sind – wie wir bereits gesehen haben – der Anlaß zur Ausbildung von Fertigkeiten und Fähigkeiten. Wer sich also über den pädagogischen Wert von Arbeit weiter aufklären will, wird sich zweckmäßigerweise zwei Fragen stellen:

- Läßt sich der Herstellungsvorgang über Arbeitsvorbereitung, Produktion und Kontrolle hinaus weiter gliedern?
- Welche Fähigkeiten sind zur Bewältigung dieser Gliederungsschritte gefragt?[1]

1 Man kann den Arbeitsvollzug noch stärker untergliedern, als das hier geschieht. Siehe dazu Michael Brater, *Eingliederung durch Arbeit*, Stuttgart 1988.

Gliederung der Arbeitsschritte

1. Der Auftrag wird angenommen

Der erste Schritt, der die Herstellung eines Produktes in Gang setzt, ist die *Annahme eines Auftrags.* Diese Entscheidung fällt meist am Ende eines Gespräches, in dem der Hersteller die Wünsche und Absichten seines Kunden zu erfahren sucht und die Modalitäten der Lieferung (Liefertermin, Preis, Zahlungsweise) festlegt. Für den Hersteller ist es wichtig, die Wünsche des Kunden zu kennen. Denn nur wenn er sie versteht und nachempfindet, wird er Wege finden, sie mit seinem Produkt zu befriedigen. Zu solchem Verständnis gehören die Ausbildung von Empathie, Beweglichkeit des Empfindens und Denkens, Wachheit und Geduld.

Die Annahme des Auftrags entspricht einem Vertragsabschluß, das heißt, der Hersteller übernimmt Verantwortung. Er bürgt dafür, daß der Vertrag erfüllt wird. Er trifft eine Entscheidung, die ihn in seinem künftigen Handeln ein Stück weit festlegt. Der Entschluß, in den Vertrag einzutreten, entspricht einer Motivbildung. Diese setzt eine Identifikation mit dem Willen und den Bedürfnissen des Kunden voraus. In dem ersten Arbeitsschritt finden wir also drei wesentliche Elemente:

- Eingehen auf die Wünsche des Kunden (das verlangt Empathiefähigkeit)
- Genaues Registrieren seiner Wünsche (das verlangt Wachheit der Wahrnehmung, schnelles Urteilsvermögen)
- Verbindliche Festlegung auf ein gemeinsames Ziel (das verlangt Entschlußfähigkeit und Verantwortung)

Das Kundengespräch wird verschieden verlaufen, je nachdem, ob es sich um ein Produkt handelt, das schon oft hergestellt wurde, ob eine völlig neue Aufgabe an den Betrieb herangetragen wird, ob der Hersteller um den Kunden wirbt oder dieser ihn von sich aus aufsucht.

Immer aber wird die Grundfigur der beschriebenen Fähigkeiten ins Spiel kommen, denn diese sind für das Kundengespräch typisch. Nur wer sich dies bewußt macht, wird sich auch auf das Kundengespräch in der richtigen Weise vorbereiten und es situativ führen können.

2. Arbeitsplanung und Arbeitsvorbereitung

Der Entschluß zur Herstellung ist im ersten Arbeitsschritt gefaßt worden. Diesem Willensakt folgt eine Phase der Besinnung, in deren Verlauf zwei Probleme angegangen werden:

- Wie ist das Produkt zu gestalten?
- Wie ist die Gestaltung mit den zur Verfügung stehenden Hilfsmitteln (Arbeitern und Maschinen) zu realisieren?

Antwort auf die erste Frage ist ein (einfacher oder komplizierter) Konstruktionsplan, auf die zweite ein Organisationsplan, der unter Umständen die Herstellung in Phasen gliedert, an verschiedene Arbeiter verteilt, die Arbeitszeiten vorgibt, die Maschinen freistellt und so weiter. In beiden Fällen werden zuerst experimentell Ideen und Vorstellungen entwickelt. Hier ist Phantasie gefordert. Im Vergleich verschiedener Konzeptentwürfe betätigt sich das Urteil. Es sucht die beste, zweckmäßigste Idee.

Beim zweiten Arbeitsschritt ist also der produktive Mensch im kognitiven Bereich gefragt. Er äußert sich mit Hilfe der Phantasie in den Ideenentwürfen. Er wendet in diesem Falle seine Produktivkraft auf die Bildung von Ideen und Vorstellungen an, die beweglich gehalten werden müssen. Die Funktionen des Nerven-Sinnesmenschen werden beansprucht.

Ist ein Entwurf für das Produkt und die Arbeitsorganisation ausgewählt, muß ein Entschluß zur Konkretion gefaßt werden. Alle Bemühungen des zweiten Arbeitsschrittes zielen auf dieses Resultat. In ihm gipfeln die vorangegangenen Bemühungen. Insofern gehört der Entschluß zum zweiten Arbeitsschritt. Es gibt aber auch Gründe, ihn als eigenes Glied des Arbeitsprozesses darzustellen. Der Hauptgrund ist, daß die menschliche Tätigkeit vom Nerven-Sinnespol zurückgezogen wird und sich der Realisation, welche die Motorik beanspruchtn, zuwendet. Der Entschluß ist genau der Umschlagpunkt unterschiedlicher Anstrengungen.

Damit ist ein wichtiges Charakteristikum jeder berufsorientierten Arbeit angesprochen. Sie bleibt nicht bei der Bildung einer Idee von dem, was zu geschehen hätte. Sie setzt die Idee auch in die Erscheinungswelt um. Die Organisation der Arbeitsabläufe ist nichts anderes als ein Plan für die Technik der Umsetzung, ein Gedankenentwurf für die Realisation einer Produktidee. In diesen Plan fließt alle Erfahrung ein, die im Vorgang früherer Umsetzungen gewonnen wurde, also die Reflexion vorangegangenen Tuns.

Wir können bei einer Betrachtung des zweiten Arbeitsschrittes eine Doppelbewegung beobachten:

- Alle Gedanken werden im Hinblick auf eine Realisierung gebildet.
- Alle Erfahrungen aus bisherigen Realisierungen werden in die Gedankenbildung eingebracht. Denken und Erfahrung werden eng gekoppelt, ebenso Denken und Tun. Insofern das gelingt, entwikkelt sich ein Mensch, der sich auf dem Sektor des Wirtschaftens Bildung für die Lebenspraxis angeeignet hat.

Unter einem anderen Gesichtspunkt kann man sagen, daß der zweite Arbeitsschritt das Denken vor dem Tun übt, also einer bloß emotionalen Handlung entgegenwirkt. Diese Tatsache scheint für das Jugendalter besonders wichtig zu sein, denn dort ist der umgekehrte Vorgang fast die Regel. Im zweiten Arbeitsschritt wird das ideengeleitete Handeln bewußt gemacht und gleichzeitig geübt.

Im Planen von Produkt und Arbeitsorganisation wird aber auch das Denken in die Zucht genommen. Da die Pläne umsetzbar sein sollen, lassen sie keine Gedankensprünge zu. Schleichen sich solche trotzdem ein, «protestiert» die Herstellung, weil sich zeigt, daß das Produkt, so wie es geplant worden ist, Mängel aufweist (oder daß die Arbeitsorganisation so nicht durchführbar oder umständlich ist). Die Pläne erweisen sich in solchen Fällen als unrealistisch. Hier wird besonders anschaubar, wie berufsorientierte Arbeit das Denken (ohne jede Kompromißmöglichkeit!) an die Sache bindet. Folgerichtigkeit und Vollständigkeit des Denkens werden eingeklagt. Sind sie nicht erreicht, wird der Plan nutzlos. Der enge Bezug von Gedankenproduktion und Realisierung klärt schnell über fehlerhafte Gedanken auf und drängt auf deren Korrektur.

Im Arbeitsprozeß wird fehlerhaftes Denken nicht durch richtiges Denken, sondern durch Einführung des Gedankens in die Wirklichkeit korrigiert. Die konkrete Realisation eines Plans sagt mit einer anderweitig kaum zu erreichenden Deutlichkeit, ob das Denken geglückt ist oder ob es falsch gehandhabt wurde.

Die Korrektur durch die Sache ist für die Disposition des Jugendalters ein ungemein heilsames Verfahren. Korrektur durch die Erwachsenen ist viel weniger wirkungsvoll, ja wird bisweilen geradezu abgelehnt. Die Aversion gegen das «fremde» Urteil entspringt dem in der Pubertät einsetzenden Streben nach Selbständigkeit. Dieses ist zu begrüßen, aber seine Resultate dürfen nicht in Willkür enden. In dem Unterricht, der mit Ideenbildung befaßt ist, fällt häufig der Satz: «Das kann man auch anders sehen.» Er ist Ausdruck für die Abwehr eines überlegenen Denkens, dem man sich aus keinem anderen Grunde verschließt als dem, daß man es nicht selbst hervorgebracht hat. Der Gedanke wird im betrachtenden Unterricht oft personalisiert statt objektiviert. Und eine solche Haltung wird öfter selbst dann aufrechterhalten, wenn der Jugendliche von der Richtigkeit des fremden Gedankens längst überzeugt ist. Er lehnt es trotzdem ab, die Überzeugung zuzugeben. Die Auseinandersetzung mit dem Arbeitsprodukt rückt die Urteilsbildung ins Objektive. Es spricht die Sache, nicht der Meister (Lehrer).

Auch noch unter einem anderen Gesichtspunkt ist der Entschluß Höhepunkt der Arbeitsvorbereitung, nämlich dann, wenn die Motivation vorliegt, das ins Auge gefaßte Produkt selbst besitzen zu wollen. In diesem Falle drängt der Hersteller (also der Jugendliche) auf die Realisierung. Er ist froh, endlich den Arbeitsschritt Planen hinter sich zu haben, das heißt die (zwangsläufig) eingelegte Pause der Besinnung, die aber doch nur «Papier» hervorgebracht hat. Er möchte endlich (!) das fertige Werk in Händen halten. Die hier zutage tretende Ungeduld ist für das Jugendalter typisch, aber für den Fertigungsprozeß wenig vorteilhaft. Sie ist die Quelle vieler Fehler (im Planen wie in der Ausführung). Aber sie ist auch eine «heiße» Triebfeder für den Entschluß.

Ganz anders empfindet gegenüber demselben Werkstück ein Mensch, der den von «außen» gesetzten Auftrag für die Fertigung bekommt. Unter Umständen ist es für den Meister geradezu eine pädagogische Aufgabe, den Arbeiter für die spezielle Arbeit zu motivieren. Die Motivation steht am Anfang jeder ausführenden Arbeit. Wozu soll man sich die Hände «schmutzig» machen, sich womöglich gar «schinden»? Diese Reserve gegenüber einer Tätigkeit (die sozial von vornherein abgewertet ist, auch wenn Sonntagsreden anderes behaupten) muß jedesmal abgebaut werden. Am ehesten gelingt das dadurch, daß ein Problem angesprochen wird, das die Entdeckerfreude anstachelt oder selbständige Einsicht verspricht. Die Schwelle vom bloß betrachtenden zum tätigen Menschen muß immer wieder neu willentlich überschritten werden.

3. Durchführung der Pläne

Die Tätigkeiten des kognitiven Bereiches werden bei der jetzt notwendigen ausführenden Arbeit keineswegs außer Funktion gesetzt. Sie begleiten die Arbeit weiter, ohne sie würde die Arbeit mißraten. Aber die Hauptaktivität wendet sich in dieser Phase dem motorischen Bereich des Menschen zu. Dieser muß hauptsächlich in Aktion treten. Erst dann wird der Rohstoff, das Material wirklich verändert. Und bei der Veränderung können Erfahrungen gesammelt werden, die sich sonst nirgends bieten. Sie geben, wie wir bereits gesehen haben, nicht nur Aufschluß über die Welt (etwa die verwendeten Geräte oder Maschinen, die verschiedenen Materialien usw.), sondern auch über den Arbeiter selbst. Erlebt wird eben auch, wie er sich in dieser neuen Lebenssituation anstellt, wie er mit ihr umgeht. Ferner ist der Plan, den er ausgedacht und gestaltet hat, auf dem Prüfstand. Bringt er den Arbeiter zu dem gewünschten Ziel, oder führt er, bedingungslos befolgt, in eine Sackgasse? (Hier werden die schon erwähnten «Gedankensprünge», die der Planer vorher nicht beherrscht hat, anschaubar.) Muß und kann der Jugendliche, wenn er das bemerkt, den Plan noch ändern, oder wirft erst das unbrauchbare Arbeitsresultat den Arbeiter wieder in die Phase der Planung zurück, weil der bisherige Plan einen Weg vorgegeben hat, der nie zum Ziele führen kann?

In der Realisationsphase gibt es Momente, in denen die Spannung des Arbeiters fast körperlich spürbar wird, weil sie über Gelingen und Mißlingen entscheiden. Durchgängig erhöht sich in solchen Situationen die Aufmerksamkeit, und sie aktiviert vor allem die verschiedenen Sinnesbereiche, die an der Arbeit beteiligt sind.

Nicht nur ein «falscher» Plan kann das Gelingen der Arbeit verhindern, sondern auch ein Fehler in der Umsetzung, das heißt ungenaue, «schlampige» Arbeit. Sie bringt die Zielsetzung zum Scheitern und signalisiert ihrem Urheber, daß er persönlich die Verfahren zur Umsetzung der Idee in die Wirklichkeit (noch) nicht beherrscht. Hier schließt sich dann die Frage an, wo die Fehlerquellen für das Versagen liegen.

Man kann die dritte Arbeitsphase selbst wieder in drei Arbeitsvorgänge gliedern: Es gibt vorbereitende Tätigkeiten, die vor der eigentlichen Tätigkeit des Verformens liegen. Die vielleicht wichtigste von ihnen ist das sogenannte «Anreißen», wodurch zum Beispiel die Größe des zur Fertigung gebrauchten Bleches festgelegt oder jene Stellen gekennzeichnet werden, wo später (dem Plan gemäß) Bohrungen oder ähnliches erfolgen sollen.

Eigentlich erfordert das richtige Anreißen die Übersicht über den gesamten Plan des Werkstücks. Diese ist aber nur zu erreichen, wenn die Vorstellungskraft so weit geschult ist, daß sie den Plan sachgerecht «lesen» kann, das heißt seine künftige Gestalt imaginiert. Es ist ein bekanntes Phänomen, daß die Vorstellungskraft, die zum Entwerfen räumlicher Gebilde befähigt, bei den Jugendlichen abnimmt. Damit wird die Übersicht erschwert, welche die Ordnung des Werkstücks, also das Verhältnis seiner Teile zueinander, wahrnimmt. An diesem Detail des dritten Arbeitsschrittes kann besonders eindringlich festgestellt werden, daß bei der eigentlichen Fertigung, also einer hauptsächlich den motorischen Bereich ansprechenden Tätigkeit, kognitive Tätigkeiten keineswegs auf der Strecke bleiben. Im Gegenteil: Werden sie nicht gleichzeitig betätigt, mißlingt die Arbeit. Der Übergang von der kognitiven zur motorischen Phase ist kein Ausklinken der ersteren. Vielmehr kann man das Zusammenwirken beider beobachten. Der im Produkt (und dem Arbeitsplan) enthaltene Gedanke (Intellekt) fordert die Verschränkung beider Bereiche.

Auch die Verformung selbst schließt den kognitiven Bereich der Arbeit nicht aus. Inhalt (Konstruktionsplan) und Vorgehensweise (Arbeitsplan) bestimmen die Arbeit. In der eigentlichen verformenden Arbeitsphase muß der Arbeiter ja stets kontrollieren, ob er im Rahmen der vorgegebenen Bedingungen bleibt. Das ruft zwei Tätigkeiten auf den Plan: die genaue Wahrnehmung des Zustandes, in dem sich das Werkstück augenblicklich befindet, und den Vergleich der Wahrnehmungsresultate mit den Gegebenheiten des Plans, also das Urteil. Man mag einwenden, daß beide Tätigkeiten relativ einfach seien. Besonders die Urteile laufen auf die einfache Feststellung hinaus: Es stimmt oder es stimmt nicht! Die Erfahrung aber hat gezeigt, daß gerade das den Jugendlichen (wenigstens bei Beginn berufsorientierter Arbeit und auch noch lange danach) außerordentlich schwerfällt. Der Hauptgrund für diese Schwierigkeiten scheint in der noch wenig ausgebildeten Wahrnehmungsfähigkeit zu liegen. Nicht nur ein Überblick über den Plan ist gefordert, sondern gerade auch die genaue Aufnahme des Details. Hier werden Defizite deutlich.

Die dritte Aufgabe in diesem Arbeitsabschnitt ist die Montage. In ihr ist nicht mehr Verformung gefragt, sondern die Zusammenfügung geformter Einzelteile. Hier wird erlebt, ob die Verformung aller Einzelteile nach Plan verlaufen ist oder ob Einzelteile nachgefertigt werden müssen. Sie ist eine erste grobe Kontrolle, ob das Werk funktionsfähig, die Realisierung des Planes gelungen oder mißlungen ist.

In dem gesamten dritten Arbeitsabschnitt werden am stärksten die Fertigkeiten und Arbeitsverhalten abgerufen (so sie denn schon verfügbar sind). Ist dies noch nicht der Fall, wird ihr Fehlen hier am deutlichsten bemerkt. Welche Fähigkeiten müssen dabei ins Spiel gebracht werden? Man stößt auf eine Vielzahl von Arbeitshaltungen wie Aufmerksamkeit (Kontrolle der Wahrnehmungsprozesse), innere Ruhe (Gefühlskontrolle), Konzentration (Kontrolle der Produktivität), Geduld (Kontrolle der Emotionen), Übersicht (Kontrolle des Denkens), Genauigkeit (Kontrolle der Übereinstimmung von Plan und Wirklichkeit), Ausdauer (Kontrolle des Willens).

Sie alle sind Teilfunktionen einer Selbstkontrolle, ohne die Arbeit nicht gelingt. Der Begriff der Kontrolle kann durch den der Verfügbarkeit ersetzt werden. Mit anderen Worten: In der ausführenden Arbeit findet die Person nicht nur zu einer Wahrnehmung der Befindlichkeit ihrer leiblichen und seelischen Instrumente, sondern sie stellt aktiv (eben arbeitend und damit übend) ein neues Verhältnis zu ihnen her. Das, was mit einem großen Wort Selbstverwirklichung genannt wird, geschieht hier auf einem beschränkten Arbeitsfeld im konkreten Detail. Das Gelingen der Arbeit meldet, daß man in der Selbsterziehung, der Grundlage *jeder* Selbstverwirklichung, ein

Stück weit vorangekommen ist. Die Freude über jede gelungene Arbeit ist gleichzeitig auch Freude über eine neu erreichte Ordnungskraft der Person gegenüber ihren Instrumenten.

Das vielleicht wichtigste Resultat gelungener Arbeit ist die Selbstsicherheit, die von ihr ausgeht, eben das Bewußtsein, daß man etwas kann, was in der Welt Bestand hat, was von ihr angenommen wird. Diese Erfahrung ist für Jugendliche besonders wichtig. Denn die Pubertät kann, was viele Beobachtungen belegen, als eine Entwicklungsphase des Umbruchs, ja der Krise bezeichnet werden. Neue Fähigkeiten tauchen auf (z.B. die persönliche selbständige Urteilskraft oder eine neue Form der Emotionalität), alte Verhaltensweisen klingen ab (z.B. das vorkritische Annehmen der Umwelt). Die eigene Person, die mit verstärkter Deutlichkeit erfahren wird und ihre Position in diesem Umbruch sucht, braucht einen Halt, um ihr Verhältnis zu Umwelt und Sozietät neu zu bestimmen. Jede ruhige Insel, die in der brandenden See der Veränderungen eine Positionsbestimmung ermöglicht, ist willkommen. Die erfolgreiche Bewältigung einer Arbeitsaufgabe ist eine solche Insel, vor allem aus drei Gründen:

- Erfahrungen in der Auseinandersetzung mit der Arbeitsaufgabe sind Selbsterfahrungen.
- Diese Erfahrungen enthalten in sich einen Aufruf zur Veränderung der eigenen Befindlichkeit.
- Der Aufruf kommt nicht von fremden Personen, bei denen er leicht einen moralisierenden Charakter annimmt, sondern – bildhaft gesprochen – von der Welt.

Die Selbstsicherheit ist durch eigene Aktivität hergestellt worden, sie ist also Ausdruck eigener Leistung. Das macht sie in der Krise des Jugendalters so wertvoll.

4. Die Kontrolle der erbrachten Arbeitsleistungen – oder: der Rückblick auf das, was getan wurde

So wie die zweite Arbeitsphase einen Moment der Besinnung darstellte, wird auch in der vierten Arbeitsphase die verformende Arbeit unterbrochen. Deren Resultate müssen sich einer Beurteilung stellen.

Zuerst wird das erstellte Produkt noch einmal in Ruhe wahrgenommen. Richtete sich im verformenden Arbeitsprozeß die Wahrnehmung vor allem auf die Maße des Werkstücks, so kann sie sich jetzt auf andere Details konzentrieren, etwa die Frage: Sind alle Grate gebrochen, sind Flächen restlos verputzt und ähnliches. Danach aber sind umfassendere Urteile wichtig: Ist das vorgegebene Ziel mit dem Produkt erreicht? Kann dasselbe Produkt (vielleicht mit geringerem Aufwand an Material) anders hergestellt werden?

Man kann einwenden, daß diese Frage doch bereits in der Arbeitsvorbereitung akut gewesen sei. Das ist richtig! In dieser Phase aber ging es in erster Linie darum, für den Wunsch des Auftraggebers irgendeine Lösung zu finden. Ist diese erreicht, ist man erst einmal zufrieden. Jede neue Produktidee findet in einem sogenannten Prototyp ihren Abschluß. Liegt dieser vor, kann er leichter (weil die Idee anschaulich geworden ist) befragt werden. Und die Fragen sind vielfältig. Ist zum Beispiel die Halterung zweier Einzelteile, die bisher mit vier Schrauben gelöst wurde, vielleicht mit drei oder gar mit zwei Schrauben zu lösen? Und so weiter und so fort.

Drei Dinge werden in der Besinnung miteinander verglichen und damit beurteilt. Der Wunsch des Auftraggebers, der Plan, der Prototyp. Aus diesem Vergleich entstehen Fragen. Sie (und nur sie) regen neue Produktivität an. Ohne sie fehlt der Anreiz, über die Wünsche der Auftraggeber erneut nachzudenken. Die erneute Erörterung führt fast immer zu konstruktiven Verbesserungen. Ja, es kann dabei sogar der Einfall auftauchen, die Konstruktion für das Produkt grundlegend neu zu lösen.

In diesem Vorgang wird eine grundlegende Einsicht erlebbar: Produktive Ideen haben die Voraussetzung, daß der Erfinder sich mit der Sache (mit der Arbeitsaufgabe) intensiv beschäftigt, das heißt sich mit ihr identifiziert. Und es gibt kaum eine intensivere Beschäftigung mit ihr, als daß man die hervorgebrachte Idee durch Realisation prüft, weil die Realisation anschaulich macht, was an ihr verbessert werden kann. Die Technik der Umsetzung regt die Phantasie zu neuen Entwürfen an. In der vierten Arbeitsphase geht es also nicht nur um eine äußere Bewertung des Arbeitsergebnisses, sondern vor allem um eine Rückkehr zur zweiten Arbeitsphase; aber jetzt mit all den erworbenen neuen Erfahrungen, welche die Umsetzung gebracht hat.

Das gilt nicht nur im Hinblick auf das Produkt, sondern gleichermaßen auch für die zur Herstellung gewählte Arbeitsorganisation. Waren Ziele und gewählte Mittel im Hinblick auf die Aufgabe sinnvoll? Läßt sich eine sinnvollere Ordnung finden?

Werden diese Fragen verfolgt, ist die Aufmerksamkeit (Wachheit) auf ein Objektives gerichtet. Wird dieselbe Aufmerksamkeit auf die Qualität der Arbeitsleistung gerichtet, die Ausdruck der Befindlichkeit des Arbeiters ist, kommt sehr Persönliches ins Spiel. Das beste Verfahren ist, die jugendlichen Arbeiter aufzufordern, selbst Verbesserungsvorschläge für ihr eigenes Tun zu machen.

5. Beendigung der Arbeit

Es wird vielleicht manchen erstaunen, daß wir diesen Schritt zu den Arbeitsphasen zählen, wo doch Arbeit eindeutig nicht mehr stattfindet. Eine einfache Begründung liegt darin, daß bei fortgesetzter Arbeit die Art, wie deren Unterbrechung gehandhabt wird, eine recht große Bedeutung für den Lernprozeß beim Arbeiten hat. Zum anderen liefern die Beobachtungen der Ruhephase sehr deutliche Hinweise darauf, wie das Verhältnis des Arbeiters zu seinen Aufgaben sich eingespielt hat.

Was sagt zum Beispiel die Tatsache über den Arbeiter aus, daß ihn die Arbeit in seine Freizeit hinein verfolgt und nicht zur Ruhe kommen läßt? Überfordert ihn die Arbeit so, daß er von ihr zu sehr angespannt wird und deshalb ihre Eindrücke nicht tilgen kann? Ist das aktive Loslösen von der Arbeit und die Zuwendung zu anderen (etwa rein persönlichen) Dingen eine Frage der Selbstbeherrschung? Drückt sich darin, daß der Arbeiter von seiner Arbeitsaufgabe auch in der Freizeit verfolgt wird, mangelnde Souveränität aus? Die Beobachtung der Ruhephase kann eine grundlegende Erkenntnis zutage fördern. Dem Prozeß der Hingabe an die Arbeit steht der Prozeß der Distanzierung von ihr polar gegenüber. Das Seelenleben «atmet» gewissermaßen zwischen diesen beiden Polen, die der Ausatmung und Einatmung entsprechen. So wie ein Mensch nicht nur einatmen kann, sondern zwischen den Polen seinen (sehr individuellen) Rhythmus finden muß, so braucht er auch ein Gleichgewicht zwischen Hingabe (Selbstlosigkeit) und Selbstbehauptung. Der Rhythmus spielt in der

Arbeit eine hervorragende Rolle. Mit der Frage des Rhythmus zwischen den Polen stoßen wir auf ein grundlegendes methodisches, ja hygienisches Problem, das noch ausführlicher zu erörtern sein wird. Die wenigen Bemerkungen mögen hier vorerst als Begründung genügen, warum wir als fünften Arbeitsschritt die Loslösung von der Arbeit als eigene notwendige menschliche Leistung mit in Betracht ziehen.

Zusammenfassung

Wir haben fünf verschiedene Arbeitsschritte in ihrem typischen Charakter beschrieben und als allgemeingültig erkannt. Die Generalisierung ergibt sich aus der Beobachtung der vorherrschenden Tätigkeiten in einer Arbeitsphase.

Zuerst fällt auf, daß in drei von fünf Arbeitsphasen vor allem die kognitiven Fähigkeiten gefordert werden. Sie sind zwar vornehmlich nicht mit der Bildung abstrakter Gedanken befaßt, sondern werden an konkreten Aufgaben geschult, aber die Bewältigung praktischer Arbeitsaufgaben ist ohne ihren Einsatz nicht denkbar. Auch Phantasie wird vom Arbeitsprozeß gefordert.

Diese Tatsache ist für die Beurteilung der pädagogischen Wirkung von Arbeit ungemein wichtig. Wenn die Unterweisung in berufsorientierter Arbeit häufig auf diesen Charakter des Arbeitsprozesses nur wenig Rücksicht nimmt oder ihn gar ausblendet, liegt das nicht am Arbeitsprozeß selbst, sondern daran, wie man mit ihm methodisch umgeht. Sollen die in ihm liegenden pädagogischen Möglichkeiten zur Wirkung kommen, muß die kognitive Tätigkeit, die er fordert, in der Begleitung durch den Meister bewußt gepflegt werden. Wird das getan, verliert der Umgang mit Arbeit den Charakter einer Lebensanpassung für intellektuell schwache Schüler.

Als zweite Tatsache fällt auf, daß ein permanentes Wechseln zwischen Tätigkeiten im kognitiven und Tätigkeiten im motorischen Bereich notwendig ist. Im Arbeitsprozeß werden diese Bereiche vom Arbeiter willentlich in eine ständige Wechselwirkung gebracht. Es wird die Verbindung von Erkennen und Handeln gefördert. Das Erkennen wird nur dann zur Wirklichkeit vorstoßen, wenn es eine Grundsäule der Erkenntnis, nämlich die Wahrnehmungsinhalte, streng berücksichtigt. Der Arbeitsprozeß ist also eine ständige Aufforderung, auf die Wahrnehmungsinhalte zu achten und sie mit dem Urteil zu begleiten. Er fordert das Denken auf, wahrnehmungsbezogen zu agieren.

Verantwortliches Handeln tritt nur dort auf, wo ein Sinn (also ein Gedanke) die Handlung leitet. Unreflektiertes Tun ist der Quell vieler Handlungen, die wir bei nachträglicher Reflexion bedauern. Wir verlieren in ihnen leicht unsere Person. Ein unbestimmtes Es handelt dann durch uns. Der Arbeitsprozeß dagegen fordert unentwegt, daß unsere Handlungen von Wahrnehmung und Urteil begleitet werden. Entgleitet uns diese Koppelung für kurze oder gar längere Zeit, entstehen Fehler. Bei der Kontrolle des Werkstücks sind sie nicht zu übersehen. Ihr Wahrnehmen ruft den Arbeiter auf, die bewußte Handlungsweise immer wieder herzustellen, sie als Gewohnheit zu pflegen.

Wir stoßen hier, durch die Phänomene geleitet, auf die dritte Ebene der Fähigkeitsbildung. Es ist uns klar, daß die Fertigkeiten, die Arbeit einfordert, dann gebildet werden, wenn die Person ein neues Verhältnis zu ihrem Bewegungsinstrument aktiv übend herstellt, also eine neue Bewegungsgestalt aufbaut; ferner, daß Arbeit bestimmte Arbeitsverhalten verlangt (Aufmerksamkeit, innere Ruhe, Konzentration, Geduld, Ausdauer usw.), die, sofern sie hergestellt werden, die Souveränität der Person im Seelenleben sichern helfen. Die Reflexion des Arbeitsprozesses macht uns zusätzlich deutlich, daß auch die drei seelischen Grundkräfte, nämlich Denken, Fühlen und Wollen, vom Arbeitsprozeß beeinflußt werden. Genauer gesagt: Der Arbeitsprozeß stellt Anforderungen an diese drei Seelenkräfte, auf welche die Person tätig antworten muß. Wird sachgemäß geantwortet, müssen unter anderem Denken und Wollen durch die Person in einen Zusammenhang gebracht werden, der sich sowohl für das Erkennen als auch für verantwortliches Handeln als fruchtbar erweist. Die Individualität benutzt dabei die Instrumente der Seele beziehungsweise lernt, sie unter diesen Anforderungen auszubilden. Auf der dritten Antwort-Ebene geht es um nicht weniger als um die Einstimmung in Erkenntnis wie Handlungsverfahren, welche der Souveränität der Person dienen. Nicht nur Arbeitshaltungen werden geübt, sondern auch Prozesse für eine gesunde Selbstbehauptung der Person.

Zwei Einwände gegenüber den zuletzt vorgebrachten Gedanken

liegen auf der Hand: Wenn man schon dem arbeitenden Menschen den Handlungstypus «Verantwortlich handeln» zuschreiben mag, erscheint es dann nicht doch übertrieben, der die Arbeit begleitenden Erkenntnisform einen solch hohen Stellenwert zuzuschreiben? Über diesen Einwand mag sich jeder Leser sein Urteil selbst bilden. Aber auf zwei Fragen sei in dem Zusammenhang verwiesen:

- Wo in der konkreten pädagogischen Unterweisung gelingt es, den Jugendlichen so an das Erleben der Primärerfahrung heranzuführen (und ihn längere Zeit damit zu konfrontieren) wie bei berufsorientierter Arbeit?
- Wo werden die Urteile so hart am Phänomen und unter der vollen Beteiligung des Jugendlichen gebildet?

Hier wird das Fühlen und seine Beteiligung am Arbeitsprozeß anschaubar. Denn die Korrektur der Handlungsresultate bei der Kontrolle ist meist von starken Gefühlen begleitet. Diesen Aspekt wird das Kapitel über den Rhythmus weiter verdeutlichen.

In einer Zusammenfassung muß auf eine weitere Tatsache hingewiesen werden: Die hier erwähnten fünf Arbeitsschritte durchdringen sich in der Praxis laufend. Die für den zweiten Arbeitsschritt charakteristische Besinnung findet nicht nur dort statt, sondern ebenfalls im dritten Arbeitsschritt, der unter einem ganz anderen Hauptthema steht. Schon dadurch, daß bei der Konkretisierung laufend der Plan zu Rate gezogen wird, gibt es in der Konkretisierungsphase immer wieder Besinnungspausen. Ebenso ragt die vierte Phase in die dritte herein, denn auch während der Phase der Verformung wird das nur halbfertige Werkstück ein Stück weit beurteilt.

Im konkreten Arbeitsverlauf ist der Rhythmus zwischen den Phasen meist vielfältiger und kürzer, als hier dargestellt wurde. Das hebt aber nicht die prinzipielle Richtigkeit der Charakteristik der Arbeitsschritte auf. Der schnellere Wechsel macht den Vorgang nur viel lebendiger und erschwert die aus dieser Gliederung ableitbare Methodik und Didaktik der berufsorientierten Unterweisung.

In der Gliederung der Arbeitsphasen treten zusätzlich zwei Elemente hervor, die für jedes menschliche Handeln, auch dasjenige, das nicht berufsorientiert ist, besonders wichtig sind: Vorschau auf das, was man zu tun gedenkt, Rückschau auf das, was man getan hat, um dessen Folgen zu erkennen und auch um Übereinstimmung oder

Diskrepanz zu dem, was man sich vorgenommen hatte, festzustellen. Vor- und Rückschau sind also zwei wesentliche Elemente, um sich darüber zu informieren, ob man sachgemäß gehandelt hat, und um vom Leben und über sich selbst etwas zu lernen. Zur bewußten Vorschau ist man eigentlich nur geneigt, wenn man mit einer Aufgabe konfrontiert wird, die neu ist. Bekannte Situationen dagegen meint man, auch ohne Vorbereitung meistern zu können. Die Rückschau muß in unserem recht hektischen Leben geradezu erzwungen werden; man hat üblicherweise keine Zeit für sie. Das Ereignis ist doch vorbei! Warum soll man sich mit ihm noch abgeben? Das nächste Ereignis wartet doch schon! Auf diese Weise aber wird die Ausbeute der Erfahrungen, die das Leben bietet, gering, zumindestens geringer, als sie es wäre, wenn man in der Rückschau die Erfahrungen besinnen würde. Wer sich die Gewohnheit anerzieht, die Ruhepausen zwischen seinen Tätigkeiten dafür aktiv zu nutzen, Vor- und Rückschau zu üben, weiß um den Gewinn, den sie bringen. Sie sind Voraussetzungen für ein zielvoll gesteuertes Leben.

Die Gliederung der Zeit in Phasen, in denen sich die Aktivität nach außen wendet, und solche, in denen sie sich im Inneren sammelt, erhöht gewissermaßen das «seelische Atmen». Wir sind diesem Phänomen schon einmal begegnet, als wir die Behauptung aufstellten, daß die Aktivität der Hingabe ihren Gegenpol in der Distanzierung von ihrem Gegenstand braucht. Die Rückschau ist ein Prozeß, in dem man sich von den Objekten der Hingabe löst, sich selbst zu ihnen in eine gewisse Distanz bringt. Die Aktivität (man könnte auch sagen: die menschliche Produktivkraft) löst sich vom motorischen Bereich und wendet sich in der Besinnung (Reflexion) dem kognitiven Bereich zu. Die Vorstellungen, die dabei erarbeitet werden, aktivieren die Vorschau auf die nächste Handlung. An ihrem Ende steht der Entschluß, sich wieder handelnd dem Leben zuzuwenden, erworbene Erfahrungen in die neue Handlung einzubringen. Rückschau und Vorschau bestimmen die Umschlagpunkte des Lernprozesses und sorgen dafür, daß zwischen den Polen eine Balance eintritt. In Wirklichkeit ist es natürlich die Person, die das Pendeln zwischen den Phasen willentlich regelt, ein gesundes Atmen zwischen ihnen bewirkt.

Der Begriff gesund wird hier bewußt verwendet. Man beobachte Jugendliche (aber auch Erwachsene), denen diese doppelte Besinnungsphase nicht oder nur unzulänglich gelingt. Ihnen geht die Arbeit schwer beziehungsweise langsam, immer aber etwas ungeordnet von der Hand; ihrem Willen fehlt das klare Ziel; der Wille erhält keine genügende Struktur. Unter ihnen findet man auch Menschen, die zu Recht als begabt bezeichnet werden. Das zeigt sich unter anderem darin, daß sie auf einem speziellen Arbeitsgebiet beachtliche Leistungen erzielen. Aber sie brauchen für diese eine ungewöhnlich lange Zeit. Das wieder ist ein Beweis dafür, daß sie arbeitswillig, ja arbeitsam sind. Manche leiden geradezu unter diesem Zustand, weil sie natürlich wahrnehmen, wie langsam sie in ihrer Ausführung der Arbeit im Verhältnis zu ihren Arbeitskollegen sind. Die Langsamkeit urständet nicht in mangelnden Fertigkeiten oder schlechtem Arbeitsverhalten; sie liegt in dem mangelnden Beherrschen des Atmungsprozesses zwischen Hingabe und Distanz. Diesen Menschen gelingt keine geordnete Vor- und Rückschau. Wenn sie sich darum bemühen, springen sie fortwährend vom eigentlichen Thema ab, verzetteln sich gewissermaßen in tausend Einzelheiten. Darin wird ein Mangel an Konzentration im Erkennen sichtbar, die sie in der Arbeitsdurchführung durchaus aufbringen.

Man spricht in einem solchen Falle nicht von Krankheit. Diesen Zustand aber als Behinderung zu bezeichnen, ist gewiß berechtigt. Sie bereitet den Menschen, die von ihr betroffen sind, in ihrem Arbeitsleben die größten Schwierigkeiten, weil ihre Leistungen hinter denen der Arbeitskameraden immer hinterherhinken. Wird diese Behinderung übend abgebaut, kann man durchaus von einer Gesundung des Menschen sprechen.

Der Rhythmus zwischen den Polen
Denken und Tun

Wir haben den Rhythmus zwischen Denken (Vorstellen) und Tun bereits beschrieben und vor allem im Arbeitsprozeß verfolgt. Hier sollen aber noch einige Bemerkungen zu diesem Thema nachgeholt werden. Goethes Worte seien vorangestellt: «Beides (Denken und Tun) muß im Leben immer hin und her sich bewegen wie Ein- und Ausatmen. Wer das Tun am Denken, das Denken am Tun orientiert, der kann nicht irren; und irrt er, so wird er bald auf den rechten Weg sich wieder zurückfinden» (Wilhelm Meister).

Auch derjenige, welcher dieses Urteil so allgemein nicht anerkennen will, kann nicht bezweifeln, daß es für die berufsorientierte Arbeit zutrifft. Wird ein Plan, also eine durch Denken gefundene Vorstellung, durch Arbeit in die Praxis umgesetzt, erweist der Plan sich als machbar oder nicht. Er findet dadurch Bestätigung – oder Korrektur. Darüber hinaus zeigen die Arbeitsresultate sehr deutlich, wo die Neubildung von Gedanken anzusetzen hat, damit das beabsichtigte Ziel erreicht wird. Wer die Entstehungsgeschichte von Erfindungen aufmerksam verfolgt, erkennt, daß sie alle nach dem Verfahren von Versuch und Irrtum in die Welt traten. Der Irrtum zwang gewissermaßen zu sachgerechterem Denken. Sie sind eine Illustration zu dem letzten Satz des Goethe-Zitats: «Und irrt er, so wird er bald auf den rechten Weg sich wieder zurückfinden.» In der berufsorientierten Arbeit werden auch die Arbeitsfehler, also die Diskrepanz zwischen (richtigem) Plan und falscher Ausführung, erkannt. Es wird also nicht nur das Denken korrigiert (d.h. auf einen neuen Weg gebracht). Im zweiten Fall wird das Tun korrigiert und die Veränderung der Fertigkeiten und Arbeitshaltungen eingeleitet. Insoweit die beiden Pole bewußt zum Atmen gebracht werden, werden Korrektur (Selbsterkenntnis) und Veränderung (Selbsterziehung) veranlaßt.

Wir haben bislang diesen Atmungsprozeß so geschildert, daß der fühlende Mensch dabei wenig berücksichtigt wurde. Bei der Schilderung vom Erwerb der Arbeitshaltungen wurde aber bereits deutlich, daß Gefühle durchaus im Spiel sind. Von der inneren Ruhe wurde zum Beispiel gesagt, daß sie das unkontrollierte Gewoge der Empfindungen und Gefühle zur Ruhe bringen muß, um das Arbeitsziel durchzusetzen. In Wirklichkeit sind Gefühle beim Arbeitsprozeß immer im Spiel. Das beginnt bei allen notwendigen Wahrnehmungsprozessen und endet beim Erleben von Erfolg und Mißerfolg am gefertigten Werkstück. Wer beispielsweise die Entschlußbildung differenziert verfolgt, sieht, wie sich bei ihr Ziel (Gedanke) und Arbeitsbeginn (Wille) in den Vordergrund des Bewußtseins drängen, und übersieht dabei leicht, welche ausschlaggebende Rolle das Gefühl dabei spielt. Ohne Sehnsucht nach Erfahrung des noch Unbekannten, ohne Neigung zu neuer Welterfahrung, also Interesse, kommt es gar nicht zu einem Entschluß. Das ist gerade die Crux! Immer öfter sind heute die Gefühle so «lahm», daß sie die Brücke zwischen dem Denkpol und dem Willenspol nicht bauen und dann keine Entschlüsse zustande kommen. Die Unentschiedenheit resultiert oft daraus, daß das gefühlsmäßige Erleben der Erfahrungen und Gedanken so schwach ist. Die Gedanken zünden nicht mehr, regen den Menschen nicht mehr zur Tat an. Man meint, mit den gefaßten Vorstellungen bereits das Wesentliche der Welt erfaßt zu haben. Eine Wiederholung der gleichen Erfahrung verliert schnell jeden Reiz. Langeweile stellt sich ein und mit ihr ein zielloses seelisches Vagabundieren. Unterbrochen wird es nur durch Erfahrungsangebote, die ungewöhnliche Eindrücke versprechen, intensive und erlebnisreiche. Und ein solches Angebot kommt (leider!) selten von der Schule, sondern von «Einrichtungen», die mit «Erlebnis pur» locken.

Auch bei der Betrachtung des Werkstücks sind es die Erlebnisse (Empfindung und Gefühle), die nach Aufklärung der Fehlerquellen drängen. Das möglichst gesättigte Erleben hat in den beiden Prozessen, das Denken in Tun umzusetzen und das Getane zu reflektieren, eine Brückenfunktion.

Diese Tatsache ist von entscheidender Wichtigkeit für die Organisation von Methodik und Didaktik des Arbeitsprozesses *und* des Erkenntnisprozesses. Noch sehr abstrakt kann man sagen: Je stärker das gefühlsmäßige Erleben beider Prozesse gelingt, desto besser wird das selbsttätige Lernen gefördert. Ohne dieses Erleben kann der Lernprozeß leicht vom Jugendlichen als eine von außen auferlegte Last empfunden werden. Und dann wird dessen Impuls, ihn selbst zu steuern, geschwächt. Öfters stellt sich dann geradezu eine Aversion ein, dem Lernangebot überhaupt zu folgen. Widerstand gegen die Institution Schule regt sich.

Was so einfach klingt, ist in Wirklichkeit ein außerordentliches Ereignis. Alle drei Seelenkräfte werden durch Arbeit nicht nur aktiviert, sondern zugleich miteinander verschränkt. Man muß hinzufügen: auf eine durchaus ausbalancierte Weise verschränkt. Das aber heißt, daß das Ich durch Arbeit aufgerufen wird, in erhöhter Anstrengung sich des gesamten Spektrums menschlicher Ausdrucksfähigkeit zu bedienen. Mehr noch: diese im eingeforderten Rhythmus immer wieder in die Balance zu bringen.

Wir haben bei der genaueren Betrachtung der Arbeitshaltungen bereits bemerkt, daß sie ein Doppelantlitz haben, das gewöhnlich kaum beachtet wird. Es sich bewußt zu machen, ist für ein Verständnis des Menschen außerordentlich fruchtbar. Denn aus dem Doppelantlitz ergeben sich jene Abirrungen, die tendenziell als Verfestigung und Auflösung bezeichnet wurden. Wer diesen Tendenzen des Seelenlebens «verfällt», das heißt ihr Wirken bei sich zuläßt, verliert (manchmal kaum bemerkt) ein Stück seiner Menschenwürde. Anders und nüchterner gewendet: Das Ich gibt seinen Aktionsraum preis; es erlahmt leise, und das hat Folgen. Wird umgekehrt aktiv das Maß zwischen den Polen der Doppelbewegung hergestellt, so ist Entwicklung möglich. Arbeit, als pädagogisches Mittel genutzt, eröffnet die Bildung des ganzen Menschen. Dieses Wort, oftmals sehr undifferenziert angewendet und dadurch fast zur Phrase verkommen, erhält seine inhaltliche Begründung durch die vorangegangene Betrachtung der drei Ebenen und wie Arbeit sie gestaltet. Das gesamte Instrumentarium, das dem Menschen zur Verfügung steht, wird durch Arbeit aktiviert. Zusätzlich belebt der ihr innewohnende Rhythmus die Aktivität der Balance, des Maßes. Diese Suchbewegung zwischen den «kleinen» und «großen» Polen des Seelenlebens schafft erst ein Selbstbewußtsein, das dem Wesen des Menschen entspricht. Die Klippen von Verfestigung und Auflösung werden erlebt, aber auch die prinzipiell mögliche Offenheit für weitere Entwicklung.

Der Begriff des Rhythmus klärt auch über Erziehungsdefizite auf

Wer einige beliebige Symptome heutiger Schule, die allen für diese Institution Verantwortlichen Sorge bereiten, herausgreift, etwa die unterschiedlichen Verweigerungshaltungen gegenüber den Lerninhalten oder den zunehmenden Vandalismus, die unter Schülern sich ausbreitende Gewalt, die ins Kindesalter vorgezogene Sexualität, den Drogenmißbrauch und ähnliches, stößt auf eine Gemeinsamkeit dieser Symptome. Denken und Tun koppeln sich voneinander und damit auch von der Führung durch die Person ab und beginnen, für sich allein zu agieren. Der Vandalismus zum Beispiel ist unbesonnene Willenstätigkeit. Wer ihn ausübt, findet kein Ziel, das ihn locken könnte, dafür seinen Willen einzusetzen. Die Ziellosigkeit läßt den Willen ungeordnet beziehungsweise chaotisch agieren und alles kurz und klein schlagen. Man kann dieses Verhalten auch als Protest definieren; im üblichen Lernangebot wird kein Sinn gefunden. Der Unterricht regt das Erleben nicht mehr an. Die Brücke zwischen Denken und Tun wird durch den Unterricht nicht mehr gebaut. Aus einem solchen Erlebnisdefizit kann kein Interesse entstehen, sich aus eigenem Antrieb der Welt zuzuwenden. Sie «muß» zerschlagen werden, weil ihre Interpretation nicht mehr «an-spricht».

Im Ausüben von Vandalismus selbst stellt sich dagegen ein kräftiges Erleben ein, nämlich die Lust am Zerstören. Diese Lust, mit der auch ein trügerisches Selbstgefühl aufkommt, wird deshalb – fast zwanghaft – immer wieder aufgesucht. Im Vandalismus bestätigt der Jugendliche, der sonst keine vernünftigen Ziele hat, sich selbst im Zerstören. Er beweist sich zum Beispiel, daß er aus dem Trott des gesellschaftlich Üblichen aussteigen kann, sich ihm gegenüber behauptet. Nur solch extremes Verhalten garantiert dann dem Jugendlichen ein (wenn auch völlig emotionales) Selbsterleben, dem er sich hingibt. Dasselbe gilt für das Ausüben von Gewalt auf dem Schulhof und verfrühte Sexualität. Der Erlebnishunger, der ein charakteristisches Symptom des Jugendalters ist, sucht sich andere (bedenkliche) Erfahrungsräume. Der Rhythmus zwischen den menschlichen Polen wird durch das Erfahrungsfeld Schule nicht aufgebaut. Also können auch alle persönlichen Lernmöglichkeiten sich nicht einstellen und selbsttätig genützt werden. Der Ansatz zur Selbständigkeit, der für die Erziehung im Jugendalter zentral wichtig ist, verkommt. Der Jugendliche verliert sich in (gefährliche) Einseitigkeiten, von denen er, schneller als man denkt, abhängig werden kann. Hier werden krasse Formen jener verhärtenden und auflösenden Tendenzen des Seelenlebens sichtbar, zwischen denen die für Arbeit notwendigen Haltungen und Seelenfähigkeiten die Balance finden müssen. Der Zwang zum Vandalismus und alle anderen Zeitsymptome schaffen für das Seelenleben ein Gefängnis, aus dem die Person sich später nur schwer befreien kann. Die in ihr liegende Produktivkraft entartet. Sie erstarrt gleichsam. Das den Vandalismus begleitende rauschhafte Gefühl löst dagegen alle Konturen des Seelenlebens (und damit auch alle bisher geltenden Traditionen und Konventionen) auf. In diesem Rausch verkümmern auch die Konturen des Bewußtseins. Man kann in diesem Vorgang zweierlei erleben:

- Die verhärtenden und auflösenden Tendenzen (die doch Gegensätze sind) können durchaus zugleich (also gemeinsam) auftreten.
- Wird dieser Tendenz Raum gegeben, stellt sich eine Ich-Schwäche ein. Dem Ich gelingt es nicht mehr, seine Produktivkraft gegenüber der Befindlichkeit der eigenen Person und gegenüber der Welt ins Spiel zu bringen. In einzelnen Fällen muß man (wenigstens für die Dauer der Aktion) von einem Ich-Verlust sprechen. Besonders erschreckend aber ist, wenn eine Sucht nach solchen Aktionen entsteht. Dann «verfällt» gewissermaßen das Ich, und die Person wird zum Ursprungsort von Übel umfunktioniert.

Also genau das Gegenteil von Selbständigkeit stellt sich ein. Am Anfang all dieser Symptome steht aber oft die Langeweile. Sie tritt erfahrungsgemäß dort auf, wo die Vorstellungen, vor allem auch die, wie man sich in der Gesellschaft zu verhalten habe, so «abgenutzt» sind, daß man jegliches Interesse an ihr verliert. Denn ein einziger Blick in die Umgebung sagt einem, daß die Verhaltensvorgaben von den Erwachsenen, die sie setzen, häufig selbst durchbrochen werden. Sie entpuppen sich in vielen Fällen als hohle Phrase. Für nichts aber hat der Jugendliche ein so feines Empfinden wie für die fehlende Übereinstimmung von verbaler Deklaration und wirklicher Handlung. Diese Diskrepanz wird vom Jugendlichen mit der ihm eigenen Schärfe und Absolutheit des Urteils gegeißelt. Das Urteil erhält seine gnadenlose Form aus dem Erlebnis der Enttäuschung. Macht es noch Sinn, in einer Welt zu leben, in der Phrase und Routine regieren? Sollen die etwa den Sinn für ein Leben abgeben? Auf eine höchst verquere Art wird die Sinnfrage aufgeworfen. Auch wenn der Jugendliche oft nicht in der Lage ist, seinen eigenen Zustand klar zu artikulieren, weiß er dennoch meist sehr genau, wo seine Schwächen liegen. Sein Hauptproblem ist, daß das hier charakterisierte Zusammenspiel der Pole ihm noch nicht gelingt. Er wird vom unkontrollierten Eigenleben der drei isoliert agierenden Intentionalitäten des Denkens, Fühlens und Wollens immer wieder überwältigt.

Unter diesem Zustand leiden besonders die sensiblen Jugendlichen. Sie halten deswegen Ausschau nach Menschen, die ihnen das, was sie selbst noch nicht beherrschen, vorleben. Und jeder Erwachsene, der den Anschein erweckt, er könne dies, wird geprüft. Wehe, er hält dieser Prüfung nicht stand! Er wird sofort unglaubwürdig.

Es ist für den heutigen Jugendlichen gar nicht leicht, Menschen zu finden, die ihn als Vorbild nicht enttäuschen. Eine ganze Generation wird suspekt, weil sie dem scharfen Urteil des Jugendlichen als untauglich erscheint, die eigenen Bedürfnisse nach einer Vorbildfunktion zu befriedigen. Die Folgen sind die vielfältigen Formen der Revolte. Vandalismus und Brutalität sind gesteigerte Revolte. In ihnen wird die Tat nicht mehr abgewogen, das heißt erlebend verfolgt. Auch das empathische Verhältnis zum Gegenüber ist aufgehoben. Die Szenen der Gewalt werden von einer eisigen Gefühlskälte beherrscht, die jede Form von Mitleid ausschließt. Das Opfer wird so behandelt, als ob es aus einer feindlichen Welt käme, die zu bekriegen der einzige Ausweg ist. Blanke Feindschaft ist angesagt, bei welcher der Haß regiert. Er ist das einzige Gefühl, das gegenüber der Gesellschaft noch aufgebracht wird, abgesehen von den schon erwähnten Triumphgefühlen, die sich nach vollbrachter Tat einstellen, wenn die Revolte «Wirkung» gezeigt hat.

Die Flucht in die Droge dagegen ist eine gewissermaßen stille Revolte, die sich ohne Aufsehen abspielt. Da das Erfahrungsangebot von Schule und Gesellschaft weder Orientierung noch Befriedigung für die eigenen Bedürfnisse bietet, werden extreme Verhaltensweisen erkundet und ausgereizt. Der Bewußtseinszustand, den die Droge auslöst, entführt den Konsumenten erst einmal aus der Misere, welche die bisherige Erkundung der Welt gezeigt hat. Insofern ist die Droge für den Jugendlichen anfänglich eine «Lösung» des Problems. Sie «befreit» aus der leidvoll erfahrenen Härte der eigenen ausweglos erscheinenden Situation und entführt zu neuen Ufern der Erfahrung. Das allein schon ist interessant genug. Daß sie nebenbei eine Abhängigkeit aufbaut, aus der neue Zwänge entstehen, wird beim Einstieg nicht ernst genommen. Stehen da doch wieder fremde Aussagen und nicht eigene Erfahrungen, die allein verbindlich sind. Wenn diese sich dann einstellen, ist die Rückkehr bereits außerordentlich schwierig geworden. Nun müssen die Erwachsenen unter erschwerten Bedingungen versuchen, wieder ein Vertrauensverhältnis zum Jugendlichen aufzubauen.

Grundsätzliche Zwischenbemerkung

Es ist gewiß nicht übertrieben, die geschilderten Zustände als «Krankheiten» zu bezeichnen. Ihre größte Auswirkung haben sie auf die Befindlichkeit des Ich. Ihm entgleitet in solchen Zuständen der Einsatz seiner Produktivkraft. Es kann sie gegenüber der Besetzung des Seelenlebens durch die auflösenden Seelentendenzen nicht durchsetzen. In dieser Hilflosigkeit besteht das eigentliche Leiden des Jugendlichen. Er kompensiert es mit einer «Scheintherapie», die ihn immer tiefer in die Verstrickungen der «Krankheit» hineinmanövriert. Wer die Folgen dieser «Krankheiten» in einer partiell zunehmenden Ich-Schwäche sieht, die bis zu einem augenscheinlichen momentanen Ich-Verlust führen kann, wird mindestens zu drei Urteilen kommen.

Das erste Urteil betrifft die Gewöhnung der Gesellschaft an solche Phänomene. Diese «Krankheiten» sind ja nicht nur in der Schule zu diagnostizieren. Sie durchsetzen in zunehmendem Maße unsere gesamte Gesellschaft. Es erübrigt sich in dem vorgegebenen Zusammenhang sicher, auf einzelne Beispiele hinzuweisen. Man braucht nur eine Zeitung zu lesen oder eine Nachrichtensendung zu hören, um die fürchterlichsten, menschenunwürdigsten Taten aus aller Welt geliefert zu bekommen. Was den Betrachter aber besonders nachdenklich stimmen kann, sind die Ohnmacht und Resignation, mit der diese Schreckensnachrichten aufgenommen werden. Sie alle sind mehr oder weniger deutliche Bilder von Haß und Egoismus (Selbstüberhebung), also Ausgestaltungen der erwähnten Seelentendenzen. Auch das Anprangern solcher Zustände hat meist einen falschen Zungenschlag. Es ist entweder ein Appell an alte gesellschaftliche Normen, dem aber die konkreten Erfahrungen und Einsichten fehlen, wie jene denn in der heutigen Zeit neu zu begründen seien. Oder man merkt den Äußerungen sehr schnell an, daß sie durch die Person des Redners nicht gedeckt, also Phrase sind. Denn derjenige, welcher an den augenblicklichen Zuständen mitleidet, fragt doch zuerst, wie er sie bei sich selbst abstellen kann. Eine nüchterne Selbsterkenntnis sagt ihm dann, daß da noch viel zu tun ist, besonders wenn er die eigenen Neigungen (etwa zu Haß und Egoismus) nicht unbeachtet läßt.

Im Verfolgen der eigenen Selbsterziehung macht man jene Beobachtungen, die hier an dem speziellen Thema Arbeit aufgezeigt wurden. Wendet man ihre Konsequenzen im Erziehen an, erweisen sie ihre Fruchtbarkeit. Aber sie tendieren auch nach einer grundlegenden Reform der Schule. Bestrebungen in dieser Richtung sind aber wenig zu bemerken, statt dessen ein Fortrollen traditioneller Vorstellungen.

Aus diesen Erfahrungen gewinnt man dann ein drittes Urteil über Arbeit. Eigentlich schildern sie einen Therapieprozeß für die immer noch auftretenden Krankheiten der Zeit. Die Einsicht in die Therapie ließe sich sicher noch vertiefen und konkretisieren. Die Erfahrungen bilden einen Ansatz, den auftretenden Kulturkrankheiten beizukommen, und eröffnen einen Weg zur Gesundung, der konkret beschritten werden kann.

Dieses Urteil wirft die Frage auf, warum eine solche Einsicht heute noch kaum geteilt wird. Man erkennt, daß den aus der Beobachtung gewonnenen Gedanken (Goethe: Die Phänomene sind die Theorie) die verschiedensten Anschauungen über den Menschen entgegenstehen. Zum Beispiel kann sich die (materialistische) Wissenschaft mit der Idee eines souveränen Ich als geistigem Wesen, wie sie in dieser Schrift aus Beobachtungen entwickelt wurde, nicht anfreunden.

Die Frage muß erlaubt sein, ob sie aus ihren Voraussetzungen die Kulturkrankheiten so deuten kann, daß sich daraus ein Vorgehen für deren Heilung entwickeln läßt. Anschauungsweisen, welche die Ursachen der Veränderung des Menschenwesens ausschließlich in materiellen Beeinflussungen suchen, ist immer ein gewisser Fatalismus eigen. Das heutige Geistesleben steht deshalb mehr oder weniger hilflos vor den menschenunwürdigen Verhaltensweisen unserer Zeit. Gleichzeitig ist es aber von seinen Anschauungen so überzeugt, daß es andere Sichtweisen der Phänomene nicht nur ablehnt, sondern sogar bekämpft.

Es ist hier nicht der Ort, eine erkenntnistheoretische Auseinandersetzungen zu führen. Es genügt der bloße Hinweis auf die heute gängige Artung des Geisteslebens, um deutlich zu machen, daß die zunehmende Barbarisierung der Kultur und Zivilisation ein radikales Umdenken verlangt. Solange dies nicht eintritt, werden kaum Heilmittel gegen die Barbarisierung gefunden werden. Dieser Hinweis macht auch verständlich, welche Widerstände einer Veränderung des heutigen Schulwesens in den Denkgewohnheiten unserer Zeit entgegenstehen.

Wenden wir uns aber wieder der speziellen Betrachtung heutiger Defizite zu.

Der Mangel an Primärerfahrungen

Besonders ein Defizit üblicher Schule sticht ins Auge: die Reduktion der Primärerfahrungen zugunsten der verbalen Übermittlung von Erfahrungen (die für den Empfänger Sekundärerfahrungen sind). Die Teilnahme an den Weltereignissen im Gewande der Beschreibung weckt beim Jugendlichen die Erlebnisfähigkeit zu schwach. Der Inhalt der Information gewinnt die Oberhand. Das Erleben, das die Übermittlung der Information eigentlich begleiten müßte, schrumpft. Es ist, als ob sich ein Filter zwischen die Welt und ihren Betrachter schieben würde, der eine Entfremdung bewirkt. Diese Entfremdung trifft vor allem den erlebenden Menschen, also seine Empfindungen und Gefühle. Uns erschreckt beim Vandalismus und beim Einsatz von Gewalt die Gefühlskälte. Sie ist Indiz dafür, daß der Erlebnisraum dieser Jugendlichen nicht angesprochen und differenziert wurde. Anders ausgedrückt: Das «Gewissen» schweigt bei der schmerzvollen Verletzung der anderen Person. Mitleid ist verdrängt, ebenso die Scham, welche beim Anblick der Verletzung und der Hilflosigkeit des Opfers auftreten müßte. Das Empfindungs- und Gefühlsleben scheint wie ausgelöscht. Die Mißachtung der eigenen Bedürfnisse durch die Gesellschaft löst die Aversion und Aggression gegenüber Unschuldigen aus und schließlich gegenüber allen Menschen, die nicht zur eigenen Aktionsclique gehören. Die Isolation gegenüber der Umgebung wird fast eine totale. Ein Zeichen dafür, daß die Behausung des Jugendlichen in der Sozietät, eine wichtige pädagogische Aufgabe für das Jugendalter, mißlungen ist.

Wir sehen die hauptsächliche Ursache der Gefühlsleere in dem Mangel an Primärerfahrung. Durch Primärerfahrung kann, wird sie nur richtig pädagogisch aufgearbeitet, das Gefühlsleben gestärkt und differenziert werden. Wer zum Beispiel eigene Erfahrungen im Hochgebirge gesammelt hat, wird die Schilderung einer Expedition im Himalaya anders erleben, als wenn ihm diese fehlten. Er weiß aus eigener Erfahrung um das Gefühl beißender Kälte und die Atemnot im eisigen Sturm. Eine Schilderung ähnlicher Zustände holt die Gefühle, die ihn damals bewegten, in die Erinnerung zurück. Anhand der Schilderung durchlebt er sie ein zweites Mal. So wird auch die Schilderung mit dem eigenen Gefühl durchdrungen.

Wer engagiert, das heißt mit Interesse, Welterfahrungen in sich aufnimmt, erlebt, daß «wie von selbst» der Rhythmus zwischen den Fähigkeitspolen in Gang gesetzt wird. Denn alles, was intensiv erlebt, aber noch nicht verstanden worden ist, strebt nach Aufklärung. Das starke Erleben im Gefühl aktiviert also den Denkpol. Der Wunsch nach eigener Erfahrung hat aber auch Willenscharakter. Das Erlebnis eines Erfolges zum Beispiel drängt nicht nur auf Wiederholung, sondern auch auf eine Steigerung der Aufgabe. Das gezielte Tätigsein wird ebenfalls durch das Gefühl beflügelt. Deshalb haben wir die Gefühle als Brücke zwischen dem Denkpol und dem Willenspol bezeichnet.

Mit diesen Überlegungen haben wir einen Schlüssel der Pädagogik gefunden. Was die Bedingungen des Arbeitsprozesses von außen an den Arbeiter herantragen, nämlich daß er im Wechsel der Pole den ganzen Menschen ausbildet, das fördert auch ein stark gefühlsmäßiges Erleben der Welterfahrungen in allem Unterricht. Nur muß die Art des Unterrichts die Gefühlsbildung im Auge haben. Kraftvolles Erleben regt im Jugendlichen den Rhythmus von Betrachtung und Tätigsein an. Wo dieses nicht gezielt angestrebt wird, besteht die Gefahr, daß der Jugendliche bedenkliche Einseitigkeiten in seinem Verhalten ausbildet.

Es ist hier nicht der Ort, die sich ausbreitende Erlebnisarmut heutiger Schule zu diskutieren. Unter dem eben vorgetragenen Gesichtspunkt wird allerdings das, was man als «verschulte Schule» charakterisiert hat, in seinen Auswirkungen höchst bedenklich. Zum Thema dagegen gehört, sich zu fragen, wo im Arbeitsprozeß das Erleben am stärksten gefördert wird. Soll doch der Jugendliche sich nicht nur den Bedingungen des Arbeitsprozesses durch Einsicht in seine Notwendigkeiten beugen, sondern – wenn möglich – ihn auch aus eigenem Erleben ergreifen.

In den handwerklichen Kursen kann fast durchgängig eine Methode praktiziert werden, die das Erleben im Arbeitsprozeß ungemein fördert: das entdeckende Lernen. Gerade weil beim entdeckenden

Lernen der Weg zum Ziel (die gestellte Arbeitsaufgabe zu bewältigen) durch den Jugendlichen selbst gefunden werden muß, hat er alle Folgen seiner Arbeit sich selbst zuzuschreiben. Sie werden erst dann zu einem Spiegelbild seiner eigenen Handlungen, an denen er (so gut wie immer) unmittelbar Interesse hat. Der Erfolg bestätigt ihn, den Mißerfolg will er korrigieren. Beide Situationen lebt der fühlende Mensch mit. Der fühlende Mensch antwortet auf die eigenen Arbeitsergebnisse und setzt (jetzt von innen) den eigenen Lernprozeß durch Denken und Tun in Gang.

Im folgenden wird nun ein Beispiel ausführlicher beschrieben, das solche Überlegungen nutzt, indem eine Schule mit selbständigen Handwerksbetrieben kooperiert. Damit werden die Gedanken über den pädagogischen Wert berufsorientierter Arbeit weiter konkretisiert.

Beobachtungen aus der Maler- und Lackierer-Werkstatt des Handwerkerhofes Gröbenzell[1]

Praktische Arbeit kann in Schulwerkstätten ausgeführt werden. Der finanzielle Aufwand für deren Einrichtung und Betrieb ist jedoch groß. Außerdem werden solche Werkstätten den geschilderten erzieherischen Wert nur dann haben, wenn sie konkrete Arbeitsaufträge aus dem Umfeld ausführen. Sonst droht ihnen eine Verschulung. Der «Ernstfall», der für die Motivation der Jugendlichen so wichtig ist, wird vermindert oder gar ausgeschlossen.

Eine andere Möglichkeit, Schüler an Arbeit heranzuführen, ist die Kooperation der Schule mit Handwerksbetrieben, die sich im Umfeld der Schule befinden. Die Bedingungen der Zusammenarbeit können bis in Einzelheiten vertraglich geregelt werden. Das folgende Beispiel ist aus der Verbindung einer Waldorfschule (Gröbenzell bei München) und einer Vereinigung selbständiger Handwerker in einem Handwerkerhof gewonnen. Diese Form der Zusammenarbeit scheint, wenn sie als notwendig erachtet und von der Lehrerschaft gewollt wird, für jede Schule möglich. Bei Staatsschulen ließe sich eine solche Zusammenarbeit wegen der bestehenden Rechtsverhältnisse zur Zeit wohl nur im Rahmen eines Modellversuches durchführen.

Die Aufträge dieser Werkstatt sind vielfältig. Sie reichen vom Lakkieren unterschiedlichster Gegenstände (Windräder, Stühle, Schränke, Fahrräder, Fenster usw.) bis zum Teppichverlegen und den Malerarbeiten in Wohnungen oder am Bau. In diese konkreten Aufträge werden die Schüler, so weit das irgend möglich ist, mit einbezogen. Das ist bei den Lackiererarbeiten eher gegeben als bei den Malerar-

1 Die Grundlage für diese Darstellung verdanke ich einem Beobachtungsprotokoll, das Claudia Munz im Rahmen eines Modellversuchs angefertigt hat. Das Buch, in dem Michael Brater und Claudia Munz ausführlicher über diesen Versuch berichten, ist unter dem Titel *Zusammenarbeit von Schule und Handwerk* 1996 in Weinheim erschienen.

beiten. Die ersteren sind überschaubar und können in der Werkstatt erledigt werden.

Der von uns als fünfteilig beschriebene Arbeitsprozeß läßt sich anhand eines speziellen Auftrags und der bei ihm auftretenden Arbeitsschritte weiter gliedern. Schon im Vollzug kleiner Arbeitsschritte treten Fehler auf. Sie signalisieren eindeutig, welche Fertigkeiten und Arbeitshaltungen nicht abgerufen wurden. Umgekehrt gilt: Gelingt der Arbeitsschritt, dann stehen dem Jugendlichen die entsprechenden Fertigkeiten und Arbeitshaltungen zur Verfügung, sie sind erworben worden und im Moment abrufbar. Durch die Gegenüberstellung von Aufgabe und möglichen (bzw. eingetretenen) Fehlern wird klar, welche speziellen Fertigkeiten und Arbeitshaltungen das spezielle Gewerk vor allem ausbildet. Diese können dann zu einer empirisch gesicherten Beurteilung über seine pädagogische Wirkung verdichtet werden. Mit diesem Ansatz wurden exemplarisch die zu tätigenden Arbeitsschritte und dabei auftretende Fehler beobachtet.

1. Am Anfang steht das Erkennen der Aufgaben. Wichtigstes Urteil bei der Oberflächenvorbehandlung ist die Antwort auf die Frage: Wie sorgfältig muß die Oberfläche vorbehandelt werden, damit der darauf folgende Farbauftrag zufriedenstellend ausfällt? In einer arbeitsteilig funktionierenden Wirtschaft fiele diese Entscheidung im Bereich der Arbeitsvorbereitung. Sie ruft den Vorblick oder, anders gewendet, die exakte Phantasie auf den Plan. Ist diese Frage entschieden, sind die Bedingungen für das Vorgehen bei der Arbeit klar.

Hier sind auch falsche Einschätzungen möglich. Man meint beispielsweise, mit einer groben Säuberung durchaus auskommen zu können. Damit wird eine Vorgehensweise festgelegt, die nicht zum Ziel führen kann. Wird dieses Fehlurteil nicht zwischenzeitlich erkannt und korrigiert, wird der Fehler erst bei der letzten Kontrolle «sichtbar». Er ist nur dadurch auszumerzen, daß alles wieder abgeschliffen wird und diesmal die Säuberung gründlich erfolgt.

In diesem Falle ist die Ursache des Fehlers eine unsachgemäße Einschätzung, die unter Umständen dem Wunsche folgt, möglichst leicht und schnell die Arbeit hinter sich zu bringen. Sie aktiviert nicht die Vorstellungen früher gemachter Erfahrungen, sondern springt über sie hinweg.

2. Nach Maßgabe des imaginierten Arbeitsablaufes werden die Hilfsmittel ausgewählt: das entsprechende Schleifpapier, Abziehkralle, Heißluftföhn oder Sandstrahler, gegebenenfalls sogar die Schleifmaschine. Hier kann die Ungeduld dazu verführen, Schleifmittel zu wählen, die richtig etwas «wegputzen», also die Arbeit scheinbar flott voranbringen. Nur hat ihr Einsatz oft unliebsame Folgen. Die «eingesparte» Zeit wird nachher mehrfach vertan, weil der Grobschliff besondere Sorgfalt (und damit Zeit) beim Spachteln erfordert. Das Kalkül (in diesem Fall ein vom Wunsch geleitetes Denken) geht nicht auf. Nur tritt die Folge erst später im Arbeitsprozeß auf, und es ist noch keineswegs sicher, ob die Verbindung: zu grobes Schleifgerät – langandauernder Spachtelvorgang vom Arbeiter selbst gesehen wird.

3. Erst mit diesem Schritt treten wir in die Produktionsphase ein: Der zu bearbeitende Gegenstand wird aufgebockt, und zwar so, daß er für die Bearbeitung leicht zugänglich ist und dem Schleifen der nötige Widerstand entgegengesetzt wird. Man könnte diesen Schritt, obwohl er mit manueller Arbeit verbunden ist, auch noch zur Arbeitsvorbereitung zählen, da am zu bearbeitenden Gegenstand selbst nicht geschieht. Dieser wird für die Bearbeitung nur postiert. Aber welche Position ist für die Bearbeitung die vorteilhafteste? Offensichtlich die, bei der die zuerst eingenommene Position wenig verändert werden muß!

Erfahrungsgemäß werden solche Überlegungen am Anfang nicht angestellt. Man «setzt» eine Ausgangslage und beginnt zu schleifen. Später beim Grundieren und Lackieren merkt man erst, daß das Positionieren wichtig ist, da man die bearbeiteten Stellen nicht berühren darf, was beim Schleifen nicht der Fall war. Man gerät in eine Zwickmühle. Man könnte und möchte weiterarbeiten, aber man kann nicht, denn der Gegenstand erweist sich als nicht bewegbar, ohne daß man getane Arbeit «verletzen» würde.

Erst jetzt geht den Jugendlichen ein Licht auf, daß die Art des Aufbockens über die Schnelligkeit des künftigen Arbeitsfortgangs entscheidet. Es gibt wacklige Positionen, solche, die für die Zusammenarbeit ungeeignet sind, und so weiter. Was hier gefordert wird, ist Voraussicht. Im Idealfall müßte der Arbeiter – etwa wie ein Turmspringer – den gesamten Bewegungsablauf imaginieren, um die beste Startposition für die Arbeit zu finden. (Will man arbeitsteilig arbeiten, so ist jetzt der Zeitpunkt gekommen, wo man Verabredungen treffen muß, wie die Arbeitsteilung durchgeführt werden soll. Wir lassen sie vorläufig unberücksichtigt.)

4. Die Schleifarbeit setzt ein. Man hat erst einmal den Eindruck, daß bei dieser Arbeit eigentlich nichts schiefgehen kann. Die genaue Beobachtung des Getanen belehrt eines Besseren. Es kommt vor, daß unaufhörlich auf einem Punkt geschliffen worden ist, so daß eine markante Delle entstand. An anderen Stellen sind Reste stehengeblieben, die beseitigt werden müssen. Auch sind Unebenheiten nicht wahrgenommen und deshalb nicht eingeschliffen worden. Die nötige Glätte ist nicht erreicht. An anderer Stelle sind wiederum die Kanten nicht stehengelassen, sondern gebrochen worden. Wir sehen schon: Das Schleifen braucht Geduld, vor allem, wenn es mit der Hand ausgeführt wird. Die Hand darf bei der Arbeit nicht einschlafen, die Bewegung nicht mechanisch ausgeführt werden. Verlangt wird, daß eine erhöhte Aufmerksamkeit die Arbeit begleitet, daß die Hand an die Stellen gelenkt wird, die der Bearbeitung besonders bedürfen. Diese Aufmerksamkeit bedient sich vor allem der Fingerspitzen. Bald merkt der Jugendliche, daß der Tastsinn den Sehsinn bei der Wahrnehmung von Unebenheiten bei weitem übertrifft. Er ist untrüglich und wird jetzt immer mehr zur Prüfung herangezogen.

Voraussetzung allerdings ist, daß Geduld und Ausdauer nicht nachlassen, daß man auch jene kleinen Unebenheiten nicht übergeht, die man tastend durchaus festgestellt hat. Hier ist die Leistungsgrenze bei vielen Jugendlichen schnell erreicht. Die Konzentration verläßt sie, und sie sind noch nicht in der Lage, sie willentlich wieder einzubringen, sich also selbst neu zu motivieren.

Wir begegnen hier einem Phänomen, das sich bei aller sogenannten monotonen Arbeit einstellt. Wenn mit einem Beil Pflöcke zur Befestigung einer Böschung angespitzt werden, zeigt jeder Beilschlag deutlich, wie man dem Ziel näher kommt. Bei der Feinarbeit des Schleifens meint man dagegen, daß man erfolglos auf der Stelle trete oder daß der Erfolg in keinem Verhältnis zur eingesetzten Arbeit stehe. Beides lähmt die Eigenaktivität. Plötzlich werden die Hände schwer. Einige Jugendliche nehmen extreme Körperhaltungen ein, um die Stelle, die bearbeitet werden muß, zu erreichen, und ermüden dadurch nur noch mehr. Alles «schreit» nach Pause. Gerade die «monotonen» Arbeiten zeigen deutlich, ob und in welchem Maße Arbeitshaltungen schon verfügbar sind.

5. In der Regel ist ein punktuelles Verspachteln am Objekt unvermeidbar. Daß dieses eine Reihe von Arbeitsgängen nötig macht, wird – wenigstens am Anfang – gern übergangen. Es gibt Jugendliche, welche die Notwendigkeit einfach nicht «sehen». Andere wissen genau, daß Verspachteln nötig ist, wollen sich aber um die zusätzliche Arbeit drücken. Sie argumentieren: «Das ist mit dem Farbanstrich zu erreichen.»

Solche Momente sind pädagogisch ungemein fruchtbar. Der kontrollierende Meister stößt jetzt auf den Jugendlichen, der voraneilen will. Eine Anweisung: «Nein, es wird gespachtelt!» wäre verkehrt. Besser wäre die folgende Reaktion: «Meinst du, daß du das hinkriegst? Vielleicht gelingt es dir ja. Aber du mußt dir im klaren sein, daß du die Sache neu abschleifen und das Spachteln nachholen mußt, falls es danebengeht. Ich bin gespannt, wie du dich entscheiden wirst!»

Nun steht der Jugendliche vor der Qual der Wahl. Und er weiß, daß die Wahl Konsequenzen hat, unter Umständen höchst unangenehme. Man kann in solchen Augenblicken die Überlegungen, die angestellt werden, fast körperlich spüren. Der Beobachter merkt, wie die vielfältigsten Gefühle die Überlegungen begleiten. Die Situation ist ja keineswegs bloß logisch zu lösen. Dann gäbe es eine einzige schlüssige Entscheidung. Hier liegen zwei Alternativen vor. Die eine ist sicher, aber zeitraubend. Die andere verspricht schnelleren Erfolg, ihr Ausgang birgt aber ein gewisses Risiko. Was tun?

Die Entscheidung kann nicht auf die lange Bank geschoben werden, sondern muß jetzt und hier getroffen werden. Wie die Entscheidung auch ausfällt, eines ist sicher: Die mit ihr gemachten Erfahrungen werden nicht so leicht vergessen werden, gerade deshalb, weil an ihnen die Empfindung beteiligt ist. Und diese ist bekanntlich eine starke Erinnerungshilfe.

6. Wird der Untergrund weiter bearbeitet, so ist die Masse auszuwählen. Wird die falsche Masse ausgewählt, hat das für den Fortgang der Arbeit Konsequenzen. Man könnte auch sagen: Jedes unsachgemäße Verhalten rächt sich. Da die Folgen auf niemanden anderen zurückfallen als auf den Arbeitenden selbst, zwingen sie den Jugendlichen geradezu, sein Denken und Tun der Sache gemäß zu organisie-

ren. Handlung und Belehrung über die Richtigkeit der Entscheidung folgen «auf dem Fuße». Was sagt Goethe über einen Menschen, der Denken und Tun eng miteinander verbindet? «Und irrt er, so wird er bald auf den rechten Weg sich wieder zurückfinden.» Die Folgen seines Irrtums werden anschaulich. Er muß sie nur annehmen, um zum richtigen Weg zurückzufinden. Diese Annahme scheint leicht und ist es doch nicht. Denn in ihr steckt der Kern der Korrektur des eigenen Verhaltens, also der Selbsterziehung. Die Debatten über begangene Fehler sind bisweilen – aber nur für den unbeteiligten Betrachter – urkomisch. Denn der Jugendliche verteidigt hartnäckig die Ansicht, daß der Fehler nicht durch sein Verhalten entstanden sei, sondern ganz andere Gründe habe: das ungeeignete Material, die ungenaue Arbeitsanweisung durch den Meister, die falsche Übermittlung der Information durch die Kameraden und so weiter. Er bietet plötzlich ungewöhnliche Phantasie auf, die «Schuld» von sich abzuwälzen. Der Grund dafür liegt in der labilen, das heißt ungesicherten Situation, in die er durch das Jugendalter gebracht worden ist. Es ist gar nicht nötig, solche Auseinandersetzungen über die Schuldfrage hochzuspielen. Der Meister kann ruhig die Debatte mit dem Satz beenden: «Also wird wohl das schlechte Material an dem Vorfall schuld sein!» Der Jugendliche weiß ganz genau, daß er und nur er die Sache verbockt hat. Man darf die Überempfindlichkeit der Jugendlichen (die allerdings von Person zu Person sehr verschieden ist) nicht überreizen. Es ist belanglos, wer hier verbal siegt. Wichtig ist allein, ob der Jugendliche durch die Selbsterfahrung zur Selbstkorrektur kommt.

7. Es folgt das Anmischen der Spachtelmasse. Man sollte meinen, daß in einem solch einfachen Vorgang keine Tücke (Fehlerquelle) lauert. Es gehört aber einige Erfahrung dazu, das richtige Verhältnis zwischen Masse und Härter «im Gefühl» zu haben. Die Mischung beeinflußt sehr stark, wie der Untergrund bearbeitet werden kann. An das richtige Verhältnis muß man sich gewissermaßen «herantasten». Es gibt auch Jugendliche, die das Problem rationell angehen wollen. Sie kalkulieren das Volumen der Masse, die sie für den Untergrund brauchen werden, und rühren diese sehr sorgfältig an. Mitten in der Spachtelarbeit merken sie dann, daß der Rest der Masse bereits abgebunden hat, zu hart für die Verarbeitung geworden ist und weggeworfen werden muß. Das letzte Beispiel zeigt besonders deutlich,

daß rein logisches Denken nicht unbedingt zum gewünschten Ziel führt. Es gibt eine Tatsachenlogik, zu der das Erkennen erst Zugang gewinnen muß. Es ist eine pädagogische Frage, wie weit der Meister (weit über seinen Fachbereich hinaus) dieses so wichtige Phänomen aufarbeitet. Dieser Arbeitsschritt zeigt, wie Urteil, Entschluß, Handlung verzahnt sind und ineinanderspielen. Man beachte auch den Überraschungseffekt, der eintritt, wenn bei der Hälfte der Spachtelarbeit die übrige Spachtelmasse unbrauchbar geworden ist. Solche Erfahrungen, überhaupt nicht einkalkuliert, verblüffen. Die Empfindung wird aktiviert. Deshalb ist die Wirkung solcher Erfahrungen nachhaltig. Mit ihnen reift die Überzeugung, daß man sich auf die Wahrnehmungen, welche die Arbeit bietet, einlassen muß. An der Wahrnehmung vorbei zu agieren, führt zu törichten Entscheidungen – eine Maxime, die durchaus nicht Allgemeingut ist.

8. Der nächste Arbeitsschritt ist das Aufbringen der Masse auf das Objekt. Hier kommt es auf den richtigen Auftrag an, weder zu dick noch zu dünn. Das gewünschte Resultat verlangt eigentlich eine lockere, eine gelöste Arbeitsweise. Aber wie schwer ist es, sie zu praktizieren. Sie ist ein Zeichen der Meisterschaft. Der Meister spielt in einem beherrschten Rhythmus mit dem Objekt. Das sieht sich so leicht an, daß man sofort davon überzeugt ist, es nachmachen zu können. Und dann muß man erleben, daß das Handgelenk steif ist, daß der Arm sich im Nachahmen verkrampft. Eine besondere Tücke bei dieser Arbeit sind alle Kanten. Sie sollen weder von der einen noch von der anderen Seite betrachtet überstehen. Sie reagieren aber auf den leichtesten Druck des Geräts. Jede Schwankung der führenden Hand beeinflußt sie negativ. Absolute Ruhe und Sicherheit in der Führung der Bewegung sind erforderlich, wenn die Kante gelingen soll.

Anhand dieser Erfahrungen ist es vielleicht gerechtfertigt, auf eine Tatsache hinzuweisen, die bislang wenig gesehen wird. Malerei und Lackiererei gehören im allgemeinen Bewußtsein zu den weniger schwierigen Berufen. Andere, zum Beispiel der Werkzeugmacher, werden als viel anspruchsvoller erlebt. Hier geht es jedoch nicht um Wertung der Gewerke untereinander, sondern um den Hinweis, daß auch im sogenannten einfachen Gewerk alle wesentlichen Fertigkeiten und Arbeitshaltungen sowie die Beherrschung von Denken, Fühlen und Wollen und deren rhythmischer Wechsel gefordert werden. Auch die einfachen Gewerke sind geeignet, diese Fähigkeiten auszubilden, ja sie sind wegen ihrer leichten Überschaubarkeit ein besonders vorteilhafter Einstieg. Damit ist freilich noch nicht die Frage beantwortet, wie lange das Gewerk mit den Jugendlichen getrieben werden muß, damit die Förderung, die ein solches Gewerk ermöglicht, sich beim Jugendlichen stabilisieren kann. Wir werden auf diese Frage noch einmal ausführlicher zurückkommen.

9. Jetzt muß abgewartet werden, bis die Spachtelmasse soweit abgebunden hat, daß sie schleiffähig ist. Den rechten Zeitpunkt abzuwarten, wo gezielte Arbeit wieder einsetzen kann, überfordert manchen der Jugendlichen. Es sind nicht die Schlechtesten, die dabei Schwierigkeiten haben. Wollen sie doch mit ihrer Arbeit vorankommen. Diesem Bestreben steht die Sachnotwendigkeit entgegen. Sie zu erkennen und anzuerkennen (d.h. sich nach ihr zu verhalten) ist das Problem.

10. Es erfolgt die Wiederholung des Schleifvorgangs mit den für ihn aufgezählten Schwierigkeiten. Es bleiben Schleifspuren zurück, oder die notwendige Glätte wird nicht erreicht, oder das unkontrollierte Schleifen an einem Ort bringt wieder die Gefahr der ungewollten Unebenheiten. Der Schleifvorgang kann jetzt nicht mehr so resolut durchgeführt werden wie beim ersten Mal. Wurde dort ein Teil beschädigt, so konnte der Fehler durch den nächsten Arbeitsgang korrigiert werden. Jetzt hat man es mit einem Objekt zu tun, das man selbst aufgebaut hat. Man hat Respekt vor der eigenen Arbeit. Das verleitet zu einer gewissen Zaghaftigkeit im Arbeiten. Was in diesem Arbeitsschritt aber gefordert wird, ist eine zupackende Zartheit im Umgang mit dem Objekt, also größte Aufmerksamkeit und Behutsamkeit, verbunden mit Zielstrebigkeit und Entschlossenheit.

11. Ist das Ziel der entsprechenden Ebenheit und Glätte erreicht, beginnt der Voranstrich. Will man sich abermaliges Schleifen ersparen, so muß ein gleichmäßiger Farbauftrag erreicht werden. Diese Fertigkeit wird nur langsam erworben. Der Anfänger kämpft immer, gerade bei den Graten (aber auch in den Beugen) darum, die Farbe gleichmäßig mit dem Pinsel zu verteilen. Selbst ein so nebensächlicher Vorgang wie das Eintauchen des Pinsels in den Farbtopf gewinnt Bedeutung, denn von ihm hängt es ab, ob man «überflüssige» Farbe aufträgt, mit deren «Verteilung» man dann zu kämpfen hat.

Aus diesen Bemerkungen ist erkennbar, daß die Konzentration, welche die Arbeit leitet, gegen das Arbeitsende hin gesteigert werden muß.

12. Nach dem Trocknen (und eventuellen Schleifen) kommt der endgültige Farbauftrag. Die Fehlerquellen sind reichhaltig: Zu dicker Farbauftrag, zu unregelmäßige Verteilung der Farbe, die «Tränenbildung», einzelne Stellen wurden «übersehen».

Man beginnt (z.B. bei Fensterläden und Türen) vom Rand her gegen die Mitte zu streichen. Wird dann die Mitte noch erreicht, ohne sich (an das bereits Gestrichene) anlehnen zu müssen (das dadurch wieder zerstört würde)? Im Extremfall ist der «Maler» mehr mit Farbe bedeckt als das Objekt. Versehentliches Berühren schon gemalter Flächen mit den Fingern (oder dem Pinsel) zerstört das Ergebnis und ist unter Umständen nicht mehr zu korrigieren, weil die Farbe bereits so weit abgebunden hat, daß die «Macke» nicht mehr verstreichbar ist. Besonders schwierig ist die mehrfarbige Gestaltung. Man darf mit dem Farbauftrag nicht in ein für eine andere Farbe vorgesehenes Gebiet geraten. Die Grenzen müssen genau eingehalten werden. Aneinanderstoßende Felder erfordern höchste Konzentration. Ein «Ausrutschen» ist nur schwer und unter erhöhtem Arbeitsaufwand zu korrigieren.

Falls gemischte Farbe verwendet wurde, ist das Mischungsverhältnis beim Nachmischen genau einzuhalten, sonst gibt es Farbunterschiede.

Hier wird an einer speziellen Arbeit bestätigt, was wir vorher generalisierend beschrieben haben: Die Wachheit der Sinne und des Urteils sind Voraussetzung für das Gelingen der Arbeit. Ebenso müssen eine erste Fertigkeit (durch Umbau der vorgegebenen Bewegungsgestalt) und Arbeitshaltungen anfänglich erworben sein. Die vorher geschilderten Tatbestände sind also keine Theorie, aus der wünschenswerte Verhaltensweisen abgeleitet werden, sondern die Beschreibung jener Verhältnisse, welche die Arbeit (an der Welt) von dem einklagt, der sich ihr widmet.

Eine wichtige Frage ist, wie die pädagogische Wirkung der Arbeit von Meistern und Lehrern im Erziehungsprozeß genutzt wird. Dabei treten zumindest drei Problemkreise auf, die gestaltet werden müssen, damit die gewonnenen Erlebnisse der Jugendlichen nicht durch Fehlverhalten der Meister konterkariert werden:

- Der Meister hat sich so zu verhalten, daß die Lernchancen bei berufsorientierter Arbeit für den Jugendlichen sich effektiv entfalten können.
- Berufsorientiertes Handeln muß im Lehrplan einer Schule so viel Raum (bzw. Stunden) haben, daß die aufgezeigten Verwandlungen der Person wenigstens anfänglich eintreten können.
- Die Lehrer müßten sich fragen, wie die Erkenntnis der pädagogischen Wirkung von Arbeit für die methodisch-didaktische Gestaltung des übrigen Unterrichts (künstlerische und wissenschaftliche Fächer) fruchtbar zu machen ist.

Die Stellung des Meisters im Ausbildungsprozeß

Seit Jahrhunderten hat sich in der Berufsausbildung eine Methode etabliert: das Vormachen und Nachmachen. Der Meister mußte seine Könnerschaft unter Beweis stellen, ehe er zum Meister bestellt wurde. Er gab sein Wissen und Können an Gesellen und Lehrlinge handelnd weiter. Man überließ es dem Lehrling nicht, sich die Raffinessen des Gewerkes abzugucken, sondern er wurde unterwiesen, wie der Hobel einzustellen, wie er zu handhaben war. Vormachen, Nachmachen, Kontrolle des vom Lehrling Getanen und dessen Korrektur, das war der Weg, auf dem der Lehrling Wissen und Können erweiterte.

Die Methode funktionierte, solange der Lehrling die volle Motivation mitbrachte, sich für das Lernen zu engagieren. Er wollte diesen Beruf ergreifen, folglich beschritt er den einzigen Weg, der ihm dazu geboten wurde, mit einem gewissen (ausreichenden) Engagement. Aber in den letzten Jahrzehnten hat sich diese Art der Unterweisung zunehmend als inadäquat erwiesen. Immer mehr Jugendliche brachten die geforderte Motivation nicht ohne weiteres mit. Das führte dazu, daß eine relativ große Gruppe Jugendlicher als nicht berufsreif bezeichnet wurde. Damit aber war nur ein Etikett (und ein schlimmes dazu) gefunden, das nicht die Ursachen der zugrundeliegenden Tatsache klärte. Die Schuld für das Versagen dieser Gruppe wurde allein der Schule zugeschrieben. Die berufliche Ausbildung wurde nicht danach befragt, ob sie mit anderen Methoden eventuell die Krise beheben konnte.

Es muß erwähnt werden, daß Großbetriebe, etwa Philips, Ford, Voith, sich der Jugendlichen, die als nicht berufsreif erklärt wurden, annahmen. Sie etablierten Förderlehrgänge, deren Ziel es war, am Ende eines Jahres die Jugendlichen so weit ausgestattet zu haben, daß ihnen die Berufsreife bescheinigt werden konnte. Bald erwiesen sich die Methoden üblicher Berufsausbildung bei diesen Förderlehrgängen als wenig effizient. Wollte man die Jugendlichen dazu motivieren, selbst etwas lernen zu wollen, konnte man nicht Elemente der späteren

Berufsausbildung einfach vorziehen und sie mit ihnen (langsamer und gründlicher als sonst üblich) einüben. Deshalb ging man in diesen Förderlehrgängen unkonventionelle pädagogische Wege. Erleichtert wurde dies dadurch, daß für die Förderlehrgänge keine speziellen und ins einzelne gehenden Vorgaben zu beachten waren. Dem Einfühlungsvermögen und der pädagogischen Initiative eröffnete sich ein Freiraum, der sehr individuell und unterschiedlich genutzt wurde.

Zwei Elemente dieser Experimente erwiesen sich als besonders effektiv: künstlerische Übungen und ein entdeckendes Lernen, das bei relativ einfachen handwerklichen Tätigkeiten (z.B. Schnitzen) geübt wurde.

Es gab daraufhin Ansätze, sie auch in die allgemeine Berufsausbildung zu übernehmen. Das ging so lange gut, wie engagierte Betriebsleiter davon überzeugt waren, daß dieser Weg sinnvoll sei. Das galt vor allem für die künstlerischen Übungen. Doch war es schwer, für diese Sonderleistungen in der stark formalisierten Berufsausbildung Zeit zu erübrigen – und das Einverständnis der Meister zu erhalten, diese Zeit, die ihnen bislang zur Verfügung stand, abzugeben. Die künstlerischen Übungen wurden kein fester Bestandteil der allgemeinen Berufsausbildung.

Ebenso wurde versucht, das entdeckende Lernen in der allgemeinen Berufsausbildung zu etablieren. Dabei stellte sich heraus, daß diese Lernmethode, sollte sie durchgängig praktiziert werden, zu einer grundlegenden Neuorientierung der Ausbildung führen würde. Betriebsleitung und Ausbildungsmeister, auch die sogenannten nebenamtlichen Ausbilder hätten völlig umdenken müssen. Die Einführung des entdeckenden Lernens hätte also eine längere Schulung aller am Ausbildungsprozeß beteiligten Personen und schließlich ein ganz neues Ausbildungskonzept erfordert. Die Gegebenheiten im Betrieb gleichen denen einer Schule, die um eine Neugestaltung ihres Ausbildungskonzeptes ringt.

In den letzten Jahren ist auf diesem Gebiet bei vielen Firmen manches verändert worden. Mit einer erstaunlichen Konsequenz ist das entdeckende Lernen bei der kaufmännischen Ausbildung der Firma Wacker-Chemie eingeführt worden.[1]

1 Michael Brater und Ute Büchele, *Persönlichkeitsorientierte Ausbildung am Arbeitsplatz,* München: Wirtschaftsverlag Langen Müller / Herbig, 1991.

Einige Grundsätze entdeckenden Lernens

- Die Aufgaben, die an den Jugendlichen (oder Auszubildenden) gestellt werden, sind konkret. Das heißt, sie kommen im alltäglichen Arbeitsprozeß des Betriebes vor und sind nicht künstlich für die Ausbildung erdacht. Sie enthalten die Problemformulierung: Wie ist die gestellte Aufgabe praktisch zu lösen? Für die Problemlösung werden keine Vorschläge gemacht. Es wird dem Jugendlichen überlassen, selbst einen Lösungsweg zu finden.
- Der Jugendliche wird also herausgefordert. Die Aufgabe (das Ziel) bindet ihn. Der ihm zugestandene Spielraum läßt ihn frei. Wenn, was meist der Fall ist, mehrere Lösungswege möglich sind, muß sich der Jugendliche für einen von ihnen entscheiden. Solche Entscheidungen sind ohne Identifikation mit dem ausgewählten Lösungsweg gar nicht möglich.
- Damit ist ein Freiraum für Versuch und Irrtum eröffnet oder, anders gewendet, für das Experiment. Irrtum ist beim entdeckenden Lernen nicht ein fehlerhaftes Abweichen von einer vorgegebenen Norm, sondern ein alltäglicher Vorgang, der individuelle Lernchancen eröffnet. Das Sprichwort «Irren ist menschlich» besagt, daß wir gerade durch den Irrtum veranlaßt werden, weiter nach der «Wahrheit» (in unserem Fall nach einem gangbaren Weg) zu suchen. Das Suchen aus eigener Motivation ist aber gerade das grundlegende pädagogische Ziel dieser Lernmethode. Überspitzt könnte man sagen: Der Irrtum ist erwünscht, weil gerade er den Jugendlichen in eine gesteigerte seelische Bewegung bringt.
  In kniffligen Fällen wird auch einmal kein Lösungsweg gefunden, obwohl der Jugendliche sich um ihn bemüht hat. Er bleibt ratlos. Solche Momente geben Anlaß zu vielen Fragen. Die Frage wiederum ist der Beginn einer selbständigen Denkbewegung. Also auch aus einer «ausweglosen» Situation entsteht ein Lernanreiz. Dasselbe gilt für einen aus dem Irrtum begangenen Fehler. Es muß nur durch die Haltung des die Arbeit begleitenden Meisters

die Überzeugung eingebracht werden: Fehler sind korrigierbar, und der Fehler ist der willkommene Anlaß, sich selbst zu korrigieren. Auch er ist ein Lernanreiz.

- Zum entdeckenden Lernen gehört die rückblickende Beurteilung der Arbeitsleistung. Sie darf aber nicht im Sinne einer «Abrechnung» durch den Meister erfolgen. Vielmehr sollte sie ein Gespräch über den Werdegang des Werkstückes sein. Der Interpret dieses Vorgangs ist der Jugendliche. Der Meister übernimmt die Rolle des Fragenden. Durch die Frage kann der Jugendliche dahin geführt werden, bei der Rekapitulation die «Schwachstellen» des Arbeitsvorganges selbst zu finden. So wird er nicht belehrt, sondern belehrt sich im Laufe des Gespräches selbst, beziehungsweise die Sache belehrt, nicht der Meister. Schon gar nicht wird die rückblickende Bewertung in Noten festgemacht. Sie haben im Aufarbeiten der Arbeitsprozesse nichts verloren und würden das partnerschaftliche Gespräch zerstören. Denn sie führen in die Beurteilung eine ungewünschte Hierarchie ein. Einer weiß alles besser, und der «Dümmere» wird belehrt. Entgegen dieser Struktur lassen sich Meister und Jugendlicher durch die Sache belehren.

Dieser Punkt erscheint grundlegend wichtig. Denn die hier eingenommene Haltung entspricht genau dem Bedürfnis des Jugendalters nach Selbständigkeit. Erfahrungsgemäß honorieren die Jugendlichen eine solche Einstellung des Meisters. Sie fühlen sich frei und setzen gerade deshalb ihre Kräfte für die Sache ein. Sie werden in diesem Findungsprozeß für die Aufgabe (und zu sich selber) aber auch nicht allein gelassen. Der Meister fordert keinerlei Autorität, sondern er beschränkt sich darauf, Interpret der Aufgabe zu werden. Dadurch wächst ihm (und zwar jedesmal neu) Autorität zu. Er hat es nicht nötig, diese als von vornherein gegeben einzusetzen.

Die Jugendlichen merken sehr wohl den Unterschied der Meisterhaltung zur allgemein üblichen Rolle des Lehrers, die weitgehend auf Belehrung abzielt. So geschieht es, daß sie die Meister öfter in ganz persönlichen Dingen um Rat fragen. Sie erwarten, daß sie im freilassenden Dialog mit ihnen den Problemen selbst auf den Grund gehen können. Es entsteht ein freies Verhältnis zwischen Partnern, wie es für einen fruchtbaren Sozialprozeß gewünscht wird.

Meister und entdeckendes Lernen

Es ist für den Meister nicht leicht, sich auf diese Lernmethode einzulassen. Eine Hauptschwierigkeit ist die Rentabilität des Betriebes, die nicht aus den Augen verloren werden darf. Sie drängt auf einen zügigen Fortgang der Arbeit. Dieser ist durch strikte Anweisung und Kontrolle, ob die Anweisungen entsprechend durchgeführt wurden, leichter zu fördern als durch die Gewährung von Freiraum, den entdeckendes Lernen braucht.

Man kann hier zu Recht einwenden, daß die zusätzlich investierte Zeit sich später in größerer Selbständigkeit der Mitarbeiter niederschlägt, wodurch der erst einmal eintretende Zeitverlust wieder eingeholt, vielleicht sogar mehr als ausgeglichen wird. Dieses Argument gilt allerdings nur für eine durchgängige Berufsausbildung (wo es durch die Erfahrungen bestätigt wird). Die Zusammenarbeit zwischen einem Handwerkerhof und einer Schule sieht eine durchgängige Berufsausbildung aber noch nicht vor. Ohne Frage wird, läßt sich der Meister auf diese Lernmethode ein, mehr Zeit gebraucht, als dies sonst üblich ist. Der Meister wird es also nur dann tun, wenn er von ihren pädagogischen Wirkungen völlig überzeugt ist. Nur dann wird er die Interessen seines Betriebes erst einmal zurückstellen und sich auf die Bedingungen entdeckenden Lernens einlassen.

Niemand denke, daß ihm das leichtfällt. Der Meister opfert ein Stück Rentabilität. Der finanzielle Ausgleich für dieses Opfer durch die Schule ist ein besonderes Kapitel, das hier nicht verfolgt werden soll. Aber auch ein anderes Problem springt sofort ins Auge: Wie ist eine solche Einstellung des Meisters zur neuen Methode der berufsorientierten Arbeit zu erreichen? Sie ist doch bisher keineswegs üblich und widerspricht auch den Erlebnissen, welche die Meister in ihrer eigenen Berufsausbildung hatten. Vom Meister wird aber noch weit mehr verlangt! Man stelle sich einmal konkret vor, was in einem Meister vorgeht, der zusehen soll, wie Jugendliche eine Aufgabe erst einmal völlig unsachgemäß angehen. Es muß ihm in allen Fingern jucken, dazwischenzufahren und dem «Unsinn» Einhalt zu gebieten. Aber er «darf» nur eingreifen, wenn Gefahr im Verzug ist. Der Meister kann in solchen Augenblicken eigentlich nur den Tatort verlassen, weil er sonst aus der Haut fahren müßte. Die Frage: Macht es Sinn, pädagogisch so zu verfahren? muß unter diesen Umständen zum zentralen Punkt einer möglichen Kooperation werden. Eine Antwort darauf wird er nur nach längerer Zeit finden. Dann nämlich, wenn die durch diese Lernmethode geweckte Selbständigkeit ihre Früchte trägt. Bis dahin wird von ihm Geduld bis zur Selbstverleugnung gefordert.

Am leichtesten wird es ihm gelingen, die nötige Geduld aufzubringen, wenn er sich aktiv ein neues Beobachtungsfeld erschließt: Mit welchen Bewegungs- und Handlungsformen gehen die Jugendlichen die Arbeit an? Vielleicht ist er überrascht über die individuellen Unterschiede, die da zu beobachten sind, wie zum Beispiel einzelne Jugendliche mit der ihnen angeborenen beziehungsweise angeübten Bewegungsgestalt kämpfen. Das kann für ihn einen Einstieg in generelle pädagogische Fragen bedeuten und sein Interesse dafür wecken, was bei den Jugendlichen sich eigentlich abspielt. Schon mancher Lehrer wurde dann bei Konferenzen überrascht von der Treffsicherheit des Urteils der Meister.

Was hier mit wenigen Hinweisen angedeutet wird, ist in Wirklichkeit eine grundlegende Veränderung der Meisterhaltung gegenüber den Jugendlichen und der Arbeit. Wer sich das klarmacht, wird gelegentliche Rückfälle in alte Verhaltensweisen sehr milde beurteilen. Hier geht es um den Erwerb einer völlig neuen Sichtweise über die pädagogische Effizienz von Arbeit. Und die Neuorientierung ist um so schwerer, als die «Berufspädagogen», also die Lehrer, das Erziehungsfeld Arbeit nur selten wirklich kennen und überschauen. Auch sie sind aufgefordert, sich damit intensiv vertraut zu machen.

Eine dritte nicht leicht zu lösende Aufgabe wächst dem Meister zu. Er muß aus der Fülle der Aufträge diejenigen auswählen, die vor allem am Anfang der Arbeit mit Jugendlichen für diese Lernmethode am geeignetsten sind. Denkt er einseitig an die Wirtschaftlichkeit des Betriebes, dann wird ihm diese Auswahl sehr schwerfallen. Denn er stellt sich vor, was alles mit dem Werkstück bei unsachgemäßer Behandlung unter Umständen passieren kann. Er muß die Neigung bekämpfen, die Arbeit lieber alleine auszuführen. Die Auswahl verlangt einen gewissen Mut zum Risiko. Vor allem dann, wenn er sich klarmacht, daß er gerade nicht als «Glucke» die Arbeit der «Küken» beaufsichtigen und kontrollieren darf. Mit der Zeit geht ihm auf, daß die bewußte Auswahl deutlich über Erfolg oder Mißerfolg der Ausbildung (und über die Rentabilität des Betriebes) entscheidet. Weder die zu leichte noch die zu schwere Arbeit ist für die Jugendlichen günstig. An diesem Punkt kann dem Betrachter aufgehen, was in der betrieblichen Ausbildung zur sogenannten Lehrarbeit geführt hat. Sie nahm (oft mit einer bewunderungswürdigen Akribie) auf die einzelnen zu tätigenden Lernschritte Rücksicht. Das gelang nur, indem man die Lehrarbeit vom Produktionsfluß isolierte. Dadurch verlor sie aber ihren Bezug zum wirklichen Leben und wurde Arbeit in einem fiktiven Raum, was sich negativ auf die Motivation der Jugendlichen auswirkte. Der logische Aufbau des Übungsstückes forderte wie selbstverständlich das Prinzip des Vor- und Nachmachens.

Die Folgerichtigkeit der Lernschritte, wie sie die Lehrarbeit auszeichnet, wird bei der Teilnahme an produktiver Arbeit nie ganz erreicht werden. Aber die Auswahl der Fertigungsarbeit muß auf die Lernsituation der Jugendlichen Rücksicht nehmen. Sie kann geschickt oder ungeschickt ausfallen, wird aber hoffentlich nie unbedacht erfolgen. Ebenso kann die Präsentation der Arbeitsaufgabe verschieden gut gelingen. Beides, Auswahl und Präsentation, erfordert eine Menge Vorüberlegungen. Der Meister schlüpft in die Rolle des Pädagogen und lernt aus eigener Erfahrung die Bedeutung der Vorbereitung für den Unterricht (die Arbeit) verstehen. Er merkt, daß die Vorbereitung wesentlich über den pädagogischen Erfolg seiner Maßnahmen entscheidet, und er stellt vielleicht mit Staunen fest, daß sie nur auf der Grundlage eines Rückblicks über den vorangegangenen Arbeitstag immer zielvoller gelingen kann. Der Meister wird ein Stück weit Pädagoge.

Nur wenn der kooperierende Lehrer sich differenziert in das Werkstattgeschehen einlebt, wird er die Ähnlichkeit zu seiner eigenen Arbeit erkennen und zum Beispiel dem Meister (bis in die Vergütung) Vor- und Nachbereitungszeit zugestehen.

Man mache sich klar, daß in der Begegnung Lehrer – Meister zwei Welten aufeinandertreffen. Lebenslauf und Lebensvoraussetzungen beider Gruppen sind grundverschieden und führen leicht zu Vorurteilen, die sich, was noch viel ausschlaggebender ist, meist schon in entsprechenden Verhaltensweisen äußern. Diese Unterschiede sind hier nicht zu vertiefen. Sie sollen nur mit zwei oft anzutreffenden Haltungen angedeutet werden. Auch wenn der Lehrer mit allergrößtem Interesse die Arbeit des Meisters verfolgt und rasch auffaßt, was sich in der Werkstatt abspielt, gelingt es ihm nicht sofort, den Eindruck einer gewissen Überlegenheit zu vermeiden. Die Reaktion der Meister darauf ist, daß die Lehrer «Träumer» seien, die nicht so recht die Lebensrealität erfassen. Beide Urteile sind keine guten Voraussetzungen dafür, daß sich Lehrer und Meister für eine gemeinsame Aufgabe verbinden: die Erziehung der Jugendlichen. Deshalb muß der Kontakt zwischen beiden Menschengruppen bewußt gestaltet und intensiv gepflegt werden.

Wer diese Notwendigkeit übersieht, darf sich nicht wundern, wenn das pädagogische Feld «Berufsorientierte Arbeit» ein Anhängsel der Schule bleibt, das schnell wieder abgeschuppt werden kann. Aber gerade weil die Lebensbereiche Schule und Werkstätten unterschiedliche Voraussetzungen haben, können sie sich wechselseitig befruchten. Das wird aber nur geschehen, wenn den Meistern in dem Gremium, welches das Schulkonzept entwickelt, Sitz und Stimme eingeräumt wird. Mit anderen Worten: Wer berufsorientierte Arbeit in das Schulkonzept eingebunden hat, muß deren Intentionen bei allen weiteren Schritten einer Schulkonzeption mit berücksichtigen. Und das geschieht nur, wenn die Überlegungen, die sich im Werkstättenbereich bilden, in den Verhandlungen über das Schulkonzept voll zum Tragen kommen. Wie elementar notwendig dies ist, werden die Überlegungen des nächsten Kapitels zeigen.

Das entdeckende Lernen des Lehrers gegenüber dem Kinde

Das Kind oder den Jugendlichen vorurteilslos zu beobachten ist eine hohe Kunst. Sie verlangt unter anderem, zwei Tätigkeiten auf einmal zu vollziehen. Der Lehrer muß unterrichten. Das erfordert seine volle Geistesgegenwart. Seine Darstellungen sollten ebenso präzise wie sprachlich gewandt sein. Das erfordert die volle Konzentration auf den Unterrichtsinhalt. Gleichzeitig soll er die Kinder in ihren Reaktionen auf den Unterricht beobachten. Und der Eindruck von diesen Reaktionen darf kein oberflächlicher sein. Schließlich hat der Lehrer auf diese Reaktionen «zu antworten», damit sein Unterricht effektiv wird. Kann er etwa an den Augen ablesen lernen, daß er für das Kind Unverständliches vorträgt oder daß dieses verträumt bei ganz anderen Dingen ist als jenen, die gerade behandelt werden? Sieht er, wie ein Kind gerade einen Streich vorbereitet, oder ist er an seine Darstellung so hingegeben (was er eigentlich sein müßte), daß er darüber alles andere vergißt und selbst erst aufwacht, wenn eine Aktion in der Klasse im Gange ist? Kurzum: Die detaillierte Beobachtung der Schüler im Unterricht ist schwer.

Wie aber soll die Art, in der ein Kind sich äußert, beurteilt werden? Folgt der Lehrer, wenn es um die Beurteilung geht, nicht sehr schnell jenen Vorgaben, welche die Psychologie bereithält? Ist er nicht froh, auf deren Erklärungsmuster zurückgreifen zu können, auch wenn noch nicht einmal gesichert ist, daß diese mit den Wahrnehmungen, auf die er sie bezieht, übereinstimmen?

Das entdeckende Lernen am Kinde und mit dem Kinde ist in der Lehrerschaft weitgehend verlorengegangen. In der Lehrerausbildung fehlen die Übung der Kinderbeobachtung und die sachgerechte Interpretation der dabei erlebten Äußerungen. Der gewissermaßen «naive» Meister, der von allem psychologischen Wissen unbelastet ist und nur auf seine Wahrnehmungsfähigkeit und den sogenannten gesunden Menschenverstand zurückgreifen kann, kommt gelegentlich zu sachgerechteren Urteilen über Schüler als der Lehrer.

Wird in den Schul- beziehungsweise Klassenkonferenzen ausführlich über einzelne Kinder gesprochen, so zeigt sich deutlich, wie die Urteile über ein und dasselbe Kind bei Lehrern divergieren. Es tauchen dabei immer wieder psychologische Begrifflichkeiten auf, an denen man sich gewissermaßen festhält, die aber keineswegs ein übereinstimmendes Urteil stiften. Wer die Vorgänge, die sich dabei abspielen, eingehend beobachtet, kommt zu dem Urteil, daß der Lehrer gegenüber seinen Schülern die entdeckende Methode des Lernens anwenden müßte. Dies heißt nicht, daß die psychologische Literatur verbannt wird. Der Lehrer müßte sich nur eingestehen, daß er, indem er sie aufnimmt, zugleich die Verpflichtung hat, sie im persönlichen Umgang mit den Schülern zu verifizieren. Aufgenommenes Wissen erspart dem Lehrer keineswegs sein persönliches Urteil über das einzelne Kind. Denn nur soweit er dieses aktiviert und sachgemäß führt, tritt in die Beziehung zu den Kindern jene Kraft ein, die im persönlichen Umgang Vertrauen schafft.

Damit wird deutlich, daß der Lehrer das entdeckende Lernen gegenüber den ihm anvertrauten Kindern nötig hat. Er muß sich klarmachen, daß selbst die umfassende Wahrheit über ein Kind – falls sie ihm denn gereicht würde – ihm im Erziehungsprozeß nicht nützt, solange er sie sich nicht durch individuelle Arbeit zu eigen gemacht hat. Die Empfindung, daß jedes einzelne Kind eigentlich ein Rätsel ist, das durch das intensive Interesse des Lehrers gelöst werden muß, ist in der Lehrerschaft nicht allzu verbreitet. Die bisher betriebene Methodik und Didaktik haben den Blick des Lehrers zu einseitig auf den Unterrichtsinhalt fixiert. Die bedenklichen Entwicklungen der Institution Schule zwingen aber zu einer neuen Orientierung. Eine erste Konsequenz wäre, das entdeckende Lernen des Lehrers gegenüber der Schülerschaft neu zu aktivieren.

Die vorab skizzierten Überlegungen und Urteile zum Lernprozeß werden im einzelnen Lehrer nur etwas bewirken, wenn er die Erfahrungen, auf denen sie aufbauen, selbst erwirbt. Sie umfassen gewiß nicht alle Wahrnehmungen, die zu einem Verständnis des kindlichen Wesens notwendig sind. Aber sie erschließen wichtige Zugänge zu diesem Verständnis. Das Beobachtungsfeld ist weit, es kann hier nicht abgeschritten werden. Auch gesicherte Beobachtungen rufen zu ständiger Vertiefung auf. Beispiele können nur die Richtung angeben, in die das Entdecken sich bewegen kann.

Was kann man nicht alles an den Bewegungen des Kindes «ablesen», wenn man sich auf solche Beobachtungen überhaupt einläßt. Der Gang des Kindes kann stolpernd sein, in bestimmten Phasen des Bewegungsablaufs verzögert, tastend oder energisch raumgreifend, trippelnd und so fort. Schon sogenannte Kleinigkeiten können charakteristisch sein! Tritt das Kind vor allem mit den Fußspitzen auf oder mit der Ferse oder keines von beiden, sondern mehr oder weniger platt (d.h. ohne «Abrollen» der Fußsohle)? Wie sind die Gliedmaßen gebildet, kräftig oder zart, durchmodelliert oder relativ undifferenziert? Wie sind die Größenverhältnisse zwischen Zehen, der Fußwölbung und der Ferse oder den Fingern und der Mittelhand? Wie sind die Gelenke ausgebildet?

Wir haben in dem Exkurs über Bewegung und Biographie das prinzipielle Urteil gefällt, daß die Bewegung viel über das Verhältnis zwischen dem Geistig-Seelischen und der Leiblichkeit aussagen kann und daß man dabei beobachtet, wie das Geistig-Seelische den Leib ergreift.

Geht man auf das einzelne Kind ein, erlebt man die große Unterschiedlichkeit der Instrumente und auch die unterschiedlichen «Charakteristika» im Umgang mit ihnen. Wenn der eigentliche «Beweger» das Ich (über die Seele) ist, müßte man dann nicht eine «Übereinstimmung» zwischen Bewegungsarten und seelischen Verhaltensweisen finden können? Die Beobachtung bestätigt diese Vermutung. Ein zum Phlegma tendierendes Kind wird man zum Beispiel selten trippeln sehen. Der Choleriker bevorzugt beim Gang die Ferse und so weiter. Hier bietet sich ein weites Feld der Zusammenarbeit zwischen den Lehrern an, das durch Beobachtung vorsichtig und bedächtig zu strukturieren ist und eine Seite des Kindes «erschließt».

Der Lehrer kann diese Erfahrungen verstärken, indem er charakteristische Bewegungen der Kinder nachahmt. Weil sie Ausdruck eines bestimmt figurierten Seelischen sind, eröffnet ihre Nachahmung einen sehr erlebnisreichen Zugang zu diesem. Soll nämlich die Nachahmung «treu» sein, muß vor dem Nachahmen die Seelenfiguration selbst hergestellt werden. Sofern das gelingt, erlebt der Lehrer jetzt das Seelische nicht von außen, sondern im eigenen Inneren. Das schafft ihm eine lebendige Überzeugung der gedanklich hergestellten Beziehungen – oder korrigiert sie.

Etwas anderes sind beobachtbare «Behinderungen» des Kindes

beim Bewegungsablauf. Auch sie rücken dem Erlebnis des Lehrers näher, wenn er versucht, sie selber nachzuvollziehen. Schon das häufige Stolpern des Kindes ist eine solche Behinderung, oder das Sich-auf-die-Zehen-Stellen, ohne daß dabei die Beine (Knie) geschlossen gehalten werden können. Ahmt man diese Bewegungsabläufe nach, hat man ungewöhnliche, manchmal geradezu groteske Erlebnisse, aus denen zumindest eindringliche Fragen entstehen, welche die Sichtweise erweitern.

Bei den Arbeitshaltungen haben wir erkannt, daß sie nicht nur hergestellt werden müssen, damit eine Arbeit erfolgreich bewältigt werden kann, sondern daß sie Vorbedingungen für jedes Lernen sind. Man gewinnt ein genaueres Auffassungsorgan für die Schwierigkeiten der Schüler, wenn man sie bei sich selbst herstellt und ihren Entstehungsprozeß reflektiert. Wir haben das anfänglich getan. Aber die Vertiefung solcher Beobachtungen ist weit vielfältiger. Wir geben im folgenden ein weiteres Beispiel. So kann man sich etwa fragen, welchen Anteil die drei Seelenfähigkeiten Denken, Fühlen und Wollen bei der Ausbildung der Arbeitshaltung Konzentration spielen. In allen Fällen, gleich auf welchen Inhalt sich die Konzentration richtet, ist der Wille vorherrschend. Ohne ihn kann die Konzentration weder aufgebaut noch durchgehalten werden, und er schlüpft dabei sowohl in die Wahrnehmung als auch das Gefühl oder das Denken. Alle drei sind eben Tätigkeiten des Ich innerhalb der Seele. Dazu ist der Wille notwendig, der in dem Verhalten der Konzentration alle drei Tätigkeiten belebt.

Freilich muß er, soll diese Belebung eintreten, jegliche emotionale Tingierung getilgt haben. Emotionales Wahrnehmen, Fühlen oder Denken bringen den Menschen nicht weiter. Im Gegenteil, sie verstellen den Zugang des Ich zur Welt. Bildhaft gesprochen: Soll der Wille förderlich sein, muß er die Kraft seiner Intentionalität aufrechterhalten, aber diese nicht selbst genießen wollen, sondern sie jeder Emotionalität entkleiden. Erst dann gelingt ihm das für die Wahrnehmung, was Goethe mit den Worten beschreibt: «Aufzufassen, was ist, und nicht, was behagt». Dazu muß der Wille «selbstlos» werden. Damit ist keinerlei «moralische» Bewertung aufgestellt, sondern es wird ganz sachlich der zu beobachtende Vorgang im Seelenleben beschrieben, der die Aktivität des Willens aus seiner leiblich-emotionalen Tingierung befreit. Die Emotionalität muß aus dem

Vorgang «ausgefiltert» werden. Was hier sehr kompliziert klingt, vollzieht sich praktisch im Arbeitsprozeß. Solange die Wahrnehmung emotional gefärbt ist, stößt sie nicht zur wirklichen Auffassung der Gegebenheiten vor. Damit können die meisten Arbeiten nicht sachgerecht ausgeführt werden. Das Arbeitsresultat «signalisiert» die Fehler. Sie werden zum Anlaß, den Vorgang neu gestaltend zu wiederholen, bis das Ergebnis stimmt. Das heißt aber zugleich, daß die Emotionalität im Wahrnehmen wirklich abgebaut wurde.

Was hier für das Wahrnehmen beschrieben wurde, gilt auch für die Tätigkeiten des Denkens und Fühlens. Werden die Gedanken nicht «rein», das heißt ihrem Wesen entsprechend gehandhabt, entsteht ein von der Sache abweichendes Resultat, das der gestellten Aufgabe nicht gerecht wird. Auch hier ist die schon apostrophierte Selbstlosigkeit gefragt.

Vielleicht am schwierigsten ist es, den beschriebenen Seelengestus auch als gültig für die Tätigkeit des Fühlens einzusehen. Hat man bei den Gefühlen doch den Eindruck, daß sie die Subjektivät des Menschen widerspiegeln müssen, wenn sie «echt» sein sollen. Um den Arbeitsprozeß nicht zu stören, bedürfen sie aber doch auch einer Objektivierung. Der Arbeitsprozeß wird sonst durch in seinen Fortgang «einschießende» subjektive Gefühle laufend gestört und beeinträchtigt. Ihre sachgemäßeste Steigerung (also die größte Freiheit von der Emotionalität des Willens) erhalten sie in Gefühlen wie Interesse, Hingabe, Empathie, Verantwortungsgefühl und so weiter.

Macht man sich den Willensanteil in Wahrnehmen, Denken und Fühlen nur nachhaltig klar, wird man sich zumindest die folgenden Einsichten zum Erleben bringen können:

– Wird das entdeckende Lernen auch auf die Selbstbeobachtung angewendet, so werden seelische Strukturen sichtbar, die zu einem Verständnis des eigenen Seelenlebens und desjenigen der Kinder beitragen können. Diese Erfahrungen werden zu einem Auffassungsorgan, mit dem man auch das fremde Seelenleben besser beobachten und (sehr langsam) beurteilen lernt.
– Aus den zuletzt reflektierten Seelenbeobachtungen wird einem zum Beispiel die hervorragende Bedeutung des Willens für die Entwicklung des Menschen (speziell auch des Jugendlichen) klar. Sie wird als Motor der Veränderung und Neugestaltung im See-

lenleben (und als Äußerung des Ich) bewußt, besonders dann, wenn man die Aktivierung der anderen Seelenäußerungen beachtet und deren Verbindung mit dem Willen studiert.

– Daraus kann die Überzeugung entstehen, daß die Willensbildung zu den elementarsten Notwendigkeiten der Erziehung (besonders in der heutigen Zeit) gehört. Sie kann aber gerade nicht auf eine vom Erwachsenen vorgegebene Verhaltensweise hinauslaufen (was einer Dressur gleichkäme), sondern sie muß darauf abzielen, die Eigentätigkeit der Schüler durch bestimmte Aufgaben anzuregen. Diese Art der Aktivierung des Willens kann vor allem dann einsetzen, wenn das Kind die ersten Ansätze eigener Urteilsbildung entfaltet, also Selbsterziehung möglich wird. – Eine Form früherer Willensbildung wird im letzten Kapitel dieses Buches beschrieben.

Der Weltgestalter Ich

Allein solch entdeckendes Lernen gegenüber der eigenen Befindlichkeit kann auch über das Ich aufklären. Wir haben es bisher als Beweger gefunden, der bestehende Verhältnisse neu strukturiert, neue Entwicklungen einleitet. Bei dieser umschmelzenden Tätigkeit bedient es sich des Willens, der in diesem Falle eine innige Verbindung mit dem Denken und Fühlen eingeht. Wir haben festgestellt, daß dabei emotionale Ausdrucksformen des Willens abgestreift werden. Gelingt das nicht, bleibt das Ich in seinen leiblichen und emotionalen Gestaltungen befangen und steigt nicht zu individuell bestimmten Gestaltungen im Seelischen auf.

Wir erleben das Ich nicht nur als den großen Beweger, sondern gleichermaßen als den großen Gestalter. Für die Formgebung bedient es sich des Denkens. Verlassen wir uns nur auf die Feststellung dessen, was ist, so finden wir in unserem Bewußtseinshorizont erst einmal unterschiedlichste Wahrnehmungen, deren Bezüge ungeklärt und deshalb dunkel bleiben. Im Wahrnehmungsteppich gibt es aber auch ein Element, das Licht in die Bezüge der Wahrnehmungen bringen kann, wenn wir es tätig ergreifen: das Denken. Die vorerst wahrgenommenen Denkinhalte erweisen sich als entwicklungsfähig. Mithin erfahren wir, daß die Welt, der wir gegenübertreten, durch zweierlei Äußerungen in das menschliche Bewußtsein tritt. Die eine Äußerung sind die vorgegebenen Wahrnehmungen, die wir hinnehmen, die zweite Äußerung ist das entwicklungsfähige Denken. Bei letzterem merken wir bald, daß wir selbst es hervorbringen müssen, damit seine Resultate (Begriffe und Ideen) im Bewußtseinshorizont erscheinen können.

Für die hier geübten Betrachtungen ist eine Tatsache von elementarer Bedeutung. Das (wie wir später feststellen werden) einheitliche Weltgeschehen ist für unser Bewußtsein erst einmal in zweierlei Erscheinungen geschieden, wovon die eine, das Denken, durch eigene

Tätigkeit erst geschaffen werden muß. Erst dann kann es gelingen, die isolierten Bestandteile unseres Bewußtseins zu einem (sinnvollen) Ganzen zu ordnen. Beim entdeckenden Lernen gegenüber dem Bewußtsein stellt sich (relativ spät) heraus, daß die Scheidung jeder Erkenntnis in die zwei Elemente Wahrnehmung und Denken durch die Verbindung des Ich mit einer Organisation zustande kommt. Viel leichter zugänglich ist die Einsicht, daß die Wirklichkeit der Welt (und der menschlichen Erscheinung) für das menschliche Bewußtsein nicht vorab gegeben ist. Sie muß erst durch die Erkenntnistätigkeit des Ich geschaffen werden. Und diesen Schöpfungsakt kann nur jeder einzelne Mensch bei sich allein vollziehen. Soweit es ihm gelingt, die bewußtseinsmäßigen «Splitter» der Wahrnehmungen durch das Denken zu ordnen, entsteht (neue) Wirklichkeit. Den Einwand, daß damit jeder Mensch eine subjektive Wirklichkeit schaffe, die nur für ihn und für keinen anderen Menschen verbindlich wäre, widerlegt die Beobachtung des Denkprozesses. Sie zeigt, wie der vorerst subjektive Denkakt sich einem objektiven Denkinhalt anbildet, der für alle Menschen der gleiche ist. Allerdings unterliegt diese Ausbildung – auch das lehrt die Beobachtung – gewissen Bedingungen. Der Denkakt wird ausschließlich vom Willen impulsiert. Aber dieser öffnet sich (und die Öffnung gelingt, wenn die emotionale Seite des Willens schweigt) für den Denkinhalt. Das Ich stellt damit (als Wesen) eine Verbindung mit anderem Wesenhaften der Welt her. So wie das Ich seine Organisation (die drei erwähnten Ebenen der Bewegung, der Arbeitshaltungen, der Seelenfähigkeiten) immer mehr zu einem Ausdruck (Bilde) des Ich zu machen strebt, so bestimmen Wesen die übrigen Erscheinungen der Welt. Insofern die Welterscheinungen uns als Wahrnehmung entgegentreten, klärt die Wahrnehmung uns vorerst nicht über ihren Sinn auf. Dieser bleibt dunkel, und die Dunkelheit läßt Fragen entstehen. Den Sinn (das Wesen) der Erscheinungen enthüllt erst das Denken, und zwar ein Denken, das im beschriebenen Sinne agiert. Wir haben eine Reihe von Bedingungen aufgezeigt, die bei einer Umwandlung der Erscheinungsformen (Arbeit an der Welt) erfüllt werden müssen. Wenn wir die Gestaltungsprozesse des Denkens verfolgen, stoßen wir auf eine Arbeit des Ich an und mit dem Wesenhaften der Welt. Und nur insofern diese Arbeit gelingt, kann sie auch die Richtschnur abgeben für eine sinnvolle Um- und Weitergestaltung der Erscheinungswelt. Wir wollen deshalb kurz den Blick auf diese spezielle Weltgestaltung des Ich mit Hilfe des Denkens richten.

Das Wesenhafte der Welt, das (wie wir am Ende eines Erkenntnisprozesses feststellen) die Welterscheinungen in ihren speziellen Formen bestimmt, wird durch das Denken nicht verändert. Der Denkakt bemüht sich dem Denkinhalt gegenüber um eine empfangende Geste. Dabei wird leicht übersehen, daß das Ich mit Hilfe des Denkens doch etwas ganz Neues schafft, das es vor dem menschlichen Erkennen in der Welt noch nie gegeben hat: das Wesen der Welterscheinungen in ihrer begrifflichen Form. In den Welterscheinungen ist deren Wesen produktiv lebendig schaffend. Es bringt sie hervor – zum Beispiel eine Pflanze –, erhält sie, zieht sich von seiner Wirksamkeit zurück und überantwortet so die Erscheinung dem Vergehen. Der menschliche Begriff hat diese Produktivkraft, obwohl er die Erscheinungen durchsichtig macht, nicht. Für ihn ist charakteristisch, daß er ein Bild von diesem Wesen (und zwar ein genaues) schafft. So wie ein Mensch und das vom Maler geschaffene Bild dieses Menschen zwei verschiedene Dinge sind und niemand bezweifeln wird, daß das Bild allein der Maler hervorgebracht hat, so sind das wirkende Wesen und der vom Menschen gebildete Begriff zwei völlig verschiedene Dinge. Mit den menschlichen Begriffen wird etwas durch menschliche Produktivkraft geschaffen, was ohne sie nicht vorhanden wäre. Die Welt wird durch die menschliche Begriffskultur bereichert; erst einmal durch die Gedanken selbst, später durch die Veränderungen der Erscheinungswelt, welche, durch den Gedanken geleitet, vom Menschen verwirklicht werden.

Es ist immer wieder bezweifelt worden, daß diese gedankliche Produktivkraft das *Wesen* der Welterscheinungen erfasse. Aber dieses Urteil ist immer wieder mit Hilfe menschlicher Gedanken hervorgebracht worden. Mit welchem Recht sollte dieses Urteil richtig, alle anderen aber falsch sein? Ein Mensch, der die Aufklärung durch Gedanken prinzipiell anzweifelt, sollte konsequent sein und das Denken einstellen. Nur würde er sich dann in den Welterscheinungen nicht zurechtfinden.

Das entdeckende Lernen zeigt zwar, auf das Denken angewendet, daß der Mensch gelegentlich das Wesen der Erscheinungen nicht trifft. Dieser sagt dann, daß er dem Irrtum verfallen sei. Der Erkennende stellt selbst fest, daß er bei der Denkarbeit die Vorbedingungen, die jede effektive Arbeit fordert, nicht genügend erfüllt hat. Denn auch die Denkarbeit fordert alle die Arbeitshaltungen und Strukturen der Seelenfähigkeiten, die wir bei der Arbeit an der Welt erüben müssen. Hier erweist sich das Urteil als richtig, daß Denken und praktisches Arbeiten nur zwei Formen eines einheitlichen Prozesses menschlicher Produktivität sind. Wie das Arbeiten an der Welt nicht sachgemäß verläuft (und damit nicht erfolgreich ist), wenn die Instrumente der Arbeit nicht durch Selbsterziehung richtig gestimmt werden, so verhält es sich auch beim Denken. Auch die Denkarbeit braucht eine Einstimmung der unterschiedlichsten «Diener» für die Erkenntnis. Nur die Geschicklichkeit des Bewegungsorganismus scheint der praktischen Arbeit vorbehalten zu sein.

Die Bildung von Erkenntnis ist also nicht nur eine Sache des Denkens, sondern des gesamten Seelenlebens, welches die Denkarbeit genau so unterstützen muß wie die praktische Arbeit. Wird das gesamte Seelenleben geschult, so gelingt die Verbindung mit dem Wesenhaften der Erscheinungswelt immer besser. Ja, erst dann stellt sich die Erfahrung ein, daß ein Wesenhaftes die Welterscheinungen bestimmt, so daß wir vom Wesen und (einer ihm zugeordneten) Erscheinung überhaupt sprechen können. Das Verhältnis von Wesen und Erscheinung wird einsichtig.

Der Erkenntnisarbeit wird vom Wesen der Welt genauso Widerstand entgegengesetzt, wie der praktischen Arbeit bei der Veränderung der Erscheinungswelt. Nur ist diese Tatsache bei der praktischen Arbeit viel augenfälliger und damit dem Bewußtsein leichter zugänglich als bei der inneren Arbeit des Erkennens. Auch ist die innere Geste der Erkenntnisarbeit keine verändernde, sondern eine empfangende. Sie muß aber die Widerstände eines gleichsam «ungeordneten» Seelenlebens erst abarbeiten. Bei der Erkenntnisarbeit wird auch eine ganz neue «Welt» geschaffen, nämlich die eines Begriffskosmos, der ohne sie nicht der vorher geschaffenen Welt hinzugefügt werden könnte. Dies verändert, auch ohne Umsetzung in praktische Weltveränderung, die Welt.

Der Zusammenhang zwischen Denkarbeit und praktischer Arbeit an der Welt ist nicht allein dadurch gegeben, daß bei beiden dieselben Vorbedingungen übend hergestellt werden müssen. Im Vergleich beider Arbeitsweisen stößt man auf weitere Zuordnungen. Die in der praktischen Arbeit erfolgende Umsetzung von Ideen in die Erscheinungswelt zeigt, ob diese richtig gebildet wurden. Dies ist ein Grund, warum Goethe Denken und Tun so eng verbunden wissen wollte. Darauf haben wir bei der Begründung der pädagogischen Bedeutung von Arbeit mehrfach hingewiesen. Diese Tatsache hat aber nicht nur eine pädagogische, sondern auch eine agogische Relevanz. Sie läßt das gesamte Leben, das doch zum größeren Teil Arbeitsleben ist, als eine Aufforderung zur Schulung (oder anders gewendet: Selbsterziehung) erkennen. Der Schule im engeren Sinne folgt eine «Lebensschule», und diese bietet mannigfache Gelegenheit, das Verhältnis zum Wesenhaften der Welt zu finden und nach ihm zu handeln. Novalis faßt das in seinen *Vermischten Bemerkungen* in die Worte: «Zur Bildung der Erde sind wir berufen.» In diesem Prozeß, der die Wesenhaftigkeit immer mehr und mehr durch des Menschen Arbeit in die Erscheinung bringt, ist auch die «objektivste» Selbstverwirklichung möglich. Damit sind Ziel und Sinn des Menschenlebens (übrigens völlig freilassend) formuliert.

Befragt man vor diesem Hintergrund das heutige Geistesleben auf seine Fruchtbarkeit für die Weltgestaltung, so springen offensichtliche Defizite ins Auge. Die von uns geschaffenen Ideen werden von der Welt offensichtlich zum Teil nicht angenommen. Sie sind noch zu beschränkt, um das Wesen der Welt zu fassen. Diese Feststellung kann doch aber nur Ansporn sein, in neuer Erkenntnisarbeit die Übereinstimmung zu suchen. Ein Fatalismus gegenüber vorgegebenen Grenzen der Erkenntnis ist da sicher nicht am Platze. Statt dessen ist eine Schulung der «Diener der Erkenntnis» geboten, also des gesamten Seelenlebens, um die Erkenntnis geistoffener zu gestalten.

Das entdeckende Lernen, unbefangen auf den Menschen selbst angewandt, liefert eine Anzahl von Gesichtspunkten, um eine Objektivierung des Denkens und damit eine Bewußtseinserweiterung anzustreben. Freilich muß dabei mit einer Reihe von Denkgewohnheiten, die einer solchen Lebensschulung entgegenstehen, gebrochen werden. Mit einigen, welche die Methodik und Didaktik der Schule betreffen, wollen wir uns im übernächsten Kapitel auseinandersetzen. Hier seien zuerst Überlegungen zum Unterschied zwischen berufsorientierter Arbeit und künstlerischer Übung eingeschoben.

Exkurs: Berufsorientierte Arbeit und künstlerische Übung

Manche Pädagogen meinen, daß die Verhaltensweisen und Fähigkeiten, die berufsorientierte Arbeit ausbildet, auch durch künstlerische Übung zu erreichen seien. Bedient sich die künstlerische Übung doch wie die Arbeit vor allem der Gliedmaßen und trainiert deren Geschicklichkeit.

Ein Vergleich von berufsorientierter Arbeit mit dem Malen (eines Bildes) kann anhand einiger weniger Charakteristika die unterschiedlichen pädagogischen Wirkungen beider Tätigkeiten deutlich machen. Das Malen wird deshalb aus der Gruppe der plastisch-bildnerischen Künste ausgewählt, weil viele Menschen damit eigene (wenn auch anfängliche) Erfahrungen gemacht haben. Die Gruppe der musikalisch-sprachlichen Künste würde eine eigene Betrachtung verlangen.

Das herzustellende Werkstück wird nach einem vorgefaßten Plan gefertigt. Für die künstlerische Arbeit wäre ein solcher Plan tödlich. Künstlerisches Handeln besitzt zwar durchaus ein Ziel beziehungsweise Motiv (z.B. eine Abendstimmung zu malen), aber die Verwirklichung geschieht in kleinen Arbeitsschritten, die nicht vorgegeben sind. Vielmehr muß nach jedem Arbeitsschritt neu die Entscheidung getroffen werden, wie und mit welchen Mitteln (z.B. mit welcher Farbe) die Arbeit weitergeführt werden soll. Bei dieser Entscheidung werden die bereits erreichten Arbeitsresultate zu Rate gezogen. Wie sind diese aufzugreifen und fortzuführen, das ist die Frage des Künstlers während der Arbeit.

Seine Erfahrung beim Malen von Bildern sagt ihm, daß bereits mit dem ersten Farbauftrag auf dem Untergrund eine Festlegung für die spätere Arbeit eingetreten ist. Diese muß er fortan bei seinen Arbeitsschritten berücksichtigen. Sie ist nicht mehr zu tilgen, es sei denn, die Arbeit wird neu begonnen.

Man kann daher bei erfahrenen Malern ein gewisses Zögern vor dem ersten Setzen einer Farbe bemerken. Sie versuchen zu imaginieren, wie diese Setzung sich auf ihr Motiv auswirken wird. Das imaginäre Vorausnehmen der Folgen gelingt nur in sehr engen Grenzen, denn schon durch den nächsten Farbtupfer werden andersgeartete Beziehungen gesetzt und damit neue Folgen eingeleitet. Es entsteht eine milde oder auch schreiende Spannung zwischen den beiden Farben, der bei allen folgenden Arbeitsschritten Rechnung zu tragen ist. Und diese Arbeitsweise nimmt kein Ende bis zur endgültigen Fertigstellung des Bildes.

Manche Künstler (aber auch Laien) unterbrechen deshalb gern ihre Arbeit, um sie nach einer kleinen oder größeren schöpferischen Pause wieder aufzugreifen. Diese hilft ihnen, die bisherigen Festlegungen und deren Folgen genauer zu sehen und einfallsreicher auf sie zu antworten. Oder sie malen dasselbe Motiv ein zweites Mal, denn sie haben erkannt, daß dieser oder jener Arbeitsschritt der Realisierung ihres Motivs (Ziels) abträglich war.

Die Arbeitsweise des Malers entspricht also einem fortwährenden situativen Handeln. Die Ausgangssituation dafür hat der Maler selbst geschaffen. Also schlägt er sich dabei sozusagen mit seinen eigenen Taten herum, genauer: mit dem bisher erworbenen Verhältnis zur Farbe. In dieser Erfahrung liegt die Aufforderung, sich immer intensiver auf die Eigenheiten und Qualitäten der Farbe einzulassen, das heißt sie unverstellt zu erleben. Das gilt gleichermaßen für deren Zusammenklänge und Dissonanzen. Mit Hilfe des Einfühlungsvermögens muß das Farb-*Erleben* gesteigert werden.

Der Maler, der dies als Beruf gewählt hat, zeigt uns, daß wir diesem Bestreben ein ganzes Leben widmen können, ohne jemals den Zustand zu erreichen, der uns restlos befriedigt. Aus dieser Sicht hat die künstlerische Übung erst einmal die pädagogische Wirkung einer Sinnesschulung, die eine gesteigerte Sinnesempfindung (ein Wahrnehmungserleben) einfordert.

Die zweite wichtige pädagogische Komponente ist das ständige Üben situativen Handelns aus dem Erleben der Gegebenheiten. Während diese üblicherweise (z.B. im sozialen Handeln) vorgegeben sind, haben wir sie hier vom ersten bis zum letzten Pinselstrich selbst geschaffen. Das enthebt uns der Verführung, den Umständen daran Schuld zu geben, wenn uns situatives Handeln mißlingt. Jedes Bild erzählt uns (wenn wir nur zuhören wollen), wieweit es uns gelungen ist, auf die Bedingungen unseres Handelns einzugehen. Jeder, der sich das klarmacht, wird sofort erkennen, daß die Ausbildung der hier apostrophierten Fähigkeit gerade in unserer Zeit von allergrößter Bedeutung ist. Denn diese Übungen lassen uns ansatzweise erleben, was ein souveränes Handeln charakterisiert.

Zum Eingehen auf die Gegebenheiten – in diesem Fall das Medium Farbe – gesellt sich eine erste Erfahrung der eigenen Produktiv- beziehungsweise Gestaltungskraft. Es ist für manche Menschen geradezu eine Befreiung, zu erleben, daß sie «etwas» ohne fremde Anleitung hervorbringen können. Sie hätten sich das vorher nie zugetraut. Auch wenn sie noch vorhandene Mängel ihrer eigenen Produkte sehr wohl wahrnehmen, erfüllt sie doch tiefe Befriedigung über ihre Gestaltungskraft, die sie dabei entdecken. Diese lebt in jeder Seele als Möglichkeit. Sie zu erfahren belebt die Aktivität und nährt den Wunsch, sie auch auf anderen Arbeitsfeldern einzusetzen. Von der künstlerischen Übung kann eine erfrischende Wirkung für die Eigentätigkeit des Übenden ausgehen. Das kommt auch daher, daß der künstlerischen Übung der Zweckrationalismus, der unser übliches Handeln fast durchgängig bestimmt, fremd ist. Die Umsetzung von Zwecken kann vorgedacht werden; für sie kann demnach auch ein Plan erstellt werden, der die Ausführung später leitet. Der Erfindungsreichtum des Planers zeigt sich darin, daß er denselben Zweck (etwa das Schließen bzw. Öffnen einer Tür) auf verschiedene Weise bewerkstelligen kann. Es gibt mehrere Lösungen (und Pläne), unter denen man dann die einfachste oder eleganteste für die Fertigung aussucht. Die im Plan festgehaltene Konstruktion folgt immer der Kausalität. Sie muß vom Planer geistig bewältigt werden, damit er einen folgerichtigen Ablauf der gewünschten Funktion erzielt. Daß dem so ist, zeigt die einfache Tatsache, daß jedes Werkstück (jede Maschine) bis in die kleinste Einzelheit im Zusammenwirken der Teile erklärbar ist. Der gewünschte Zweck wird also mit Hilfe der Rationalität umgesetzt. Das fertige Werk ist dann die materielle Umsetzung zweckrationaler Gedanken. Deshalb kann am Anfang der Arbeit der Plan stehen. Die geistige Leistung des Planers besteht darin, die Anordnung der physikalischen (oder auch chemischen) Elemente so zu ordnen, daß der gewünschte Zweck erreicht wird.

Das Malen eines Bildes folgt keinem solchen Zweck, obwohl auch Zwecke mit ihm verbunden sein können. Der professionelle Künstler verbindet mit seinen Bildern natürlich die Absicht, diese zu verkaufen und mit dem Erlös seinen Lebensunterhalt zu bestreiten. Aber dieser Nebenzweck bestimmt nicht die Farben und Strukturen seines Bildes.

Welches Ziel verfolgt der Maler bei der Darstellung seines Motivs? Die getreue Abbildung der Gegenstände, wie diese vorliegen, kann kaum sein Ziel sein, denn sie liefe auf die Wiederholung dessen hinaus, was die Natur besser kann. Mit dem Bilde schafft er auch keine Wirklichkeit, sondern einen schönen Schein, der vor allem den Betrachter der Bilder in eine andere Seelenverfassung bringen soll, als die ist, in der er gewöhnlich den Erscheinungen gegenübertritt. Damit das geschehen kann, muß der schöne Schein des Bildes eine Erscheinung der Gegenstände zeigen, welche die gewöhnliche Sinnesanschauung nicht bietet. Das Bild muß eine Steigerung der Sichtweise des Betrachters bewirken, die das Wesen dessen, was abgebildet wird, neu und reiner zur Erscheinung bringt – eine schwere Aufgabe!

Das Schöne hatte nach Auffassung einer Ästhetik, die mit der Klassik beginnt, den Betrachter zur Erkenntnis zu beflügeln. Zu dieser Anschauung konnte man nur kommen, weil man in der Kunst etwas sah, was «geheime Naturgesetze» offenbart, die ohne sie (die Kunst) verborgen geblieben wären (Goethe). Die «Offenbarung» des Wesens wird nicht in Gedankenform dem Menschen mitgeteilt, sondern in der gesteigerten Anschauung (Wahrnehmung). Demnach tritt das Wesen der abgebildeten Dinge in der Kunst (so sie diesen Namen verdient) stärker in die Erscheinung, als dies bei der Natur der Fall ist. Das Verhältnis von Wesen und Erscheinung, das die Natur uns bietet, wird offenbarer. Die künstlerische Gestalt ist mehr Wesenserscheinung, als wir sie in der Natur vorfinden. An die Erfahrung, daß Kunst das zu leisten vermag, schloß sich folgerichtig ein weiterer Gedanke an: Die Kunst sei das Tor zu jeder wahren Erkenntnis, weil sie dem nach Erkenntnis Strebenden schon im Sinnesschein auf das Wesentliche aufmerksam macht, das er bei seinen Bemühungen nicht aus dem Auge verlieren soll.

Demnach weist die Kunst immer über sich hinaus. Sie ist für den Betrachter ein Weckruf, das Wesen der Schöpfung immer unverstellter zu erfassen und die «geheimen» Naturgesetze auch gedanklich zu ergreifen. Die Kunst hat eine öffnende Gebärde zum Kunstwerk der Schöpfung. Sie regt Fragen an.

Die Maschine als rein menschlich-technische Schöpfung ist dagegen in sich abgeschlossen. Menschlicher Geist kann sie nur erfinden, wenn die sie prägenden Gedanken zu Ende geführt wurden. Deshalb ist sie im nachhinein gewissermaßen bis auf das letzte i-Tüpfelchen erklärbar.

Nach dieser ersten Charakteristik können wir uns wieder pädagogischen Überlegungen zuwenden. Es springt ins Auge, daß das Ziel der Kunst, soll es auch nur annähernd erreicht werden, ungewöhnlich reiche Erfahrung im Umgang mit dem Medium erfordert, indem sie sich ausdrücken will. Diese muß durch gewissenhafte Übung erworben werden, um wirklich eigener Besitz zu sein. Damit ist bereits deutlich, daß alles künstlerische Tun in der Schule sich nur im Vorhof der Kunst bewegen kann. Ein schwieriges Kapitel bei jeder künstlerischen Übung ist die Korrektur des Getanen. Sie kann erst einmal nur von dem ausgehen, der anleitet. Nur dieser besitzt schon eine Erfahrung von der zu gewinnenden Steigerung der sinnlichen Anschauung, die Kunst anstrebt. Der Schüler, sich selbst überlassen, kommt zwar zu der Einsicht, daß jeder einzelne Pinselstrich das gesamte bisherige Werk verändert. Er dringt auch in die Erlebnisse des Zusammenklangs von Farben ein, er erfaßt deren Wärme und Kälte und so weiter. Aber auf das Ziel der Kunst hin kann er diese Erfahrungen kaum anwenden. Da bleibt er von der Unterweisung des Lehrers abhängig. Nur in einem eng begrenzten Raum (Farbauftrag, Perspektive usw.) gelingen ihm unter besonderen Umständen eigene Erfahrungen über das «Handwerkliche» der Kunst. Deshalb lief die Ausbildung von Lehrlingen bei den alten Meistern über Jahre hin über das Kopieren fertiger Bilder der Werkstatt. Erst dann wurde dem Gesellen ein Stück des Bildes zur eigenen Gestaltung anvertraut.

Bei der berufsorientierten Arbeit konnten wir begründet sagen, daß die Sache selbst (ohne Dazwischentreten des Meisters) den Jugendlichen belehrt. Diese Tatsache wird durch die Rationalität, die das zu erstellende Werk total beherrscht, möglich. Die Rationalität beherrscht deshalb auch die Tätigkeit, die das Werk hervorbringt. In ihr bewegt sich der Jugendliche bei der Arbeit. Alle Verstöße gegen sie fallen sofort auf. Sie verlangen (von selbst) eine Korrektur. Der Jugendliche muß höchstens vom Meister auf die Wahrnehmung gewisser Tatsachen aufmerksam gemacht werden. Diese aber sprechen für sich selbst. Sie brauchen durch den Meister nicht interpretiert zu werden.

Ein solches selbständiges «Gespräch» zwischen Arbeiter und Aufgabe tut dem Jugendlichen gut. Es kommt dem jugendlichen Bedürfnis entgegen, selbständig zu erkennen und zu handeln. Der Jugendliche erlebt (und das ist für seine Entwicklung wichtig!) eine erste Souveränität, wenn ihm das Werk gelingt. Er hat sich in der Welt, also der Lebensschule, bewährt. Seine Tat hat Bestand. Dieses Erlebnis behaust ihn in der Welt.

Man könnte nun behaupten, daß doch ein ähnliches Gespräch zwischen dem Jugendlichen und den Farben auftritt. Auch sie sagen doch dem Jugendlichen, wie er mit ihnen umzugehen hat. Dagegen ist erst einmal nichts einzuwenden. Wir selbst haben der Kunst die pädagogische Chance einer Sinnesschulung zugeschrieben, die dazu verhelfen kann, die Qualitäten (etwa der Farben) zum «Sprechen zu bringen». Je intensiver das Farberleben geweckt wird, um so besser! Nur die Farben sprechen, um im Bilde zu bleiben, eine andere Sprache als die Gegenstände der berufsorientierten Arbeit. Das kann einem bereits durch allererste Übungen «aufgehen». Tritt zu einem Gelb eine andere Farbe, so verändert diese dessen Charakter. Das Gelb spricht jetzt anders, als es vorher gesprochen hat. Es erhält seine neue Aussage aus einem Beziehungsgewebe, das der Maler aufgebaut hat. Die Farbe folgt einem Beziehungsgewebe, nach dem Organismen reagieren. Wird an einem «Teil» des Organismus etwas geändert, hat das Folgen für das Ganze. Diese überraschende Gesetzlichkeit erfährt der Jugendliche beim Malen sehr früh. Sie springt gewissermaßen ins Auge. Aber deshalb hat er noch lange nicht durchschaut, welcher Art die geschaffenen Beziehungen sind, schon gar nicht, wie sie für die Gestaltung seines Mal-Motivs fruchtbar eingesetzt werden könnten. Wir haben schon darauf hingewiesen, daß es im Wesen der Kunst liegt, Fragen zu wecken. Nicht in gleicher Weise sind die Antworten parat. Es bedarf langjähriger, getreuer Übung, ehe diese sich einstellen. Das legt nahe, daß die völlig selbständige künstlerische Leistung dem Jugendlichen erst spät abverlangt werden kann. Trotzdem sollte sie in den drei letzten Klassen der Schulzeit angeregt werden. Nur muß man sich darüber klar sein, daß der Schüler dann ein Gebiet der Kunst exemplarisch auswählen sollte, um sich auf dieses konzentrieren zu können. Vertiefung ist notwendig. Diese aber erfordert (fast) die gesamte Zeit, die im Rahmen eines Schulkonzepts für die künstlerische Arbeit zur Verfügung gestellt werden kann.

In dieser das Sinnesempfinden aktivierenden Übung liegt die Hauptaufgabe der Kunst im Jugendalter. Wer zu schnell als Lehrer Antworten übermitteln will, die für ihn evident sind, stößt auf Widerstand. Die Gedanken werden als «Ansichtssache» oder gar als Ausdruck eines subjektiven Geschmacks gewertet, über den sich bekanntlich streiten läßt. Der Grund für solchen Widerstand ist schnell geortet: Die eigene Erfahrung der Jugendlichen ist noch nicht so geschärft und entwickelt, daß aus ihr ein Urteil eigenständig geschöpft werden kann.

Wer das unterschiedliche Wesen von Technik (und der mit ihr verbundenen Dienstleistung) und Kunst miteinander vergleicht, kommt zu dem Schluß, daß es die Aufgabe der berufsorientierten Arbeit (Technik) ist, den Jugendlichen in der Welt der Erwerbsverhältnisse zu behausen. Diese sind Menschenwerk und bis heute durch den Zweckrationalismus geprägt. Man mag zu Recht die aus dem Zweckrationalismus resultierenden Rechts- und Sozialformen beklagen und andere Denkformen für deren Gestaltung einklagen. Aber selbst solche Klagen setzen eine genaue Kenntnis des Zweckrationalismus und seiner tiefgreifenden Folgen in unserer Kultur voraus. Will man den Jugendlichen nicht allein lassen, wird man ihn gründlich in die Kenntnis und Beherrschung der bestehenden Kulturverhältnisse einführen wollen.

Das kann Kunst nicht. Sie beschäftigt sich damit, die Grundlagen der Schöpfung in Natur und Mensch neu sehen und erleben zu lassen, um dabei neue Gedankenformen über sie anzuregen. Diese Anregung ist nicht ihr vorgefaßtes Ziel, aber sie leistet sie, weil sie die Welt in eine neue Erscheinung transformiert. Da Erkenntnis auf Wahrnehmung fußt, regt sie neues Denken dadurch mittelbar an.

Zugespitzt formuliert: Die Kunst läßt den Menschen nicht beim Zweckrationalismus stehen, sondern schafft die Grundlagen für ein neues erweitertes Weltverständnis. Sie behaust den Jugendlichen nicht, sondern sie öffnet ihm den Blick für eine neue – nicht allein zweckrationale – Erkenntnis.

Beide Übungsarten sind für eine bewußte Pädagogik fruchtbar zu machen, aber sie sind nicht auswechselbar. Niemand würde auf den Gedanken kommen, die künstlerische Übung durch berufsorientierte Arbeit zu ersetzen. Das würde von vornherein als abwegig angesehen werden. Aber auch die berufsorientierte Arbeit ist nicht durch künstlerische Arbeit ersetzbar. Dazu sind die Wesensarten beider zu verschieden. Nicht ersetzen können sie sich, aber sehr wohl ergänzen. Gerade weil sie so verschieden sind, wird man beide als willkommene Instrumente in der Pädagogik benutzen.

Wir haben bei der berufsorientierten Arbeit als pädagogisch besonders wirksam und fruchtbar erkannt, daß sie den ständigen Wechsel zwischen Gedanken- und Willenstätigkeit fordert und damit fördert. Wir haben diesen Wechsel als Atmen zwischen den bedeutendsten menschlichen Fähigkeiten charakterisiert und dann aufgezeigt, wie dieses Atmen auch das Fühlen als dritte wichtige Tätigkeit ins Spiel bringt. Ja, wir haben die heute beobachtbaren Verhaltensdefizite, die uns im Umgang mit Jugendlichen begegnen, darauf zurückgeführt, daß dieser verbindende Atmungsprozeß in der heutigen Schule nicht gezielt genug gepflegt wird und dadurch die menschlichen Fähigkeiten Gefahr laufen, sich zu vereinseitigen.

Auf diesem Hintergrund möglicher Vereinseitigungen sehen wir für die künstlerische Übung drei pädagogische Aufgaben, die wir bereits beschrieben haben, aber noch einmal hervorheben wollen:

- Kunst kann (der Erfahrung nach relativ leicht) das Erleben des Quellorts der eigenen Gestaltungskräfte wecken. Ein Bewußtsein von diesem Tätigkeitszentrum heute herzustellen, scheint äußerst wichtig. Denn dieses Tätigkeitszentrum muß gegenüber allen Tätigkeiten, wie Wahrnehmen, Empfinden, Denken, Tun und so weiter, die Rolle des Dirigenten übernehmen, der letztlich alle verstärkt, zurückhält beziehungsweise leitet. Allein von ihm aus können Widerstände überwunden, Aggressionen bewältigt, Schmerzen gelindert werden. Die Erfahrung des eigenen Selbst tritt mehr oder weniger scharf ins Bewußtsein. Von ihm geht jene Gestaltungskraft aus, die alle vorgegebenen seelischen Dispositionen umformen kann. So wie dem Selbst einerseits durch die Behausung in den Bedingungen der Kultur Mut gemacht werden kann, so andererseits in den Gestaltungen künstlerischer Übung. Das wesentlichste Ziel dieser Bemühungen heute ist, dem Ich zu Erfolgserlebnissen zu verhelfen und es dadurch zu erkraften.
- Zu lehren, wie die Wahrnehmung differenziert und durch die Sinnesempfindung erlebt werden kann, ist die zweite wichtige Aufgabe der Kunst. Wer unsere Zeit aufmerksam begleitet, erschrickt

bisweilen über die Schwäche und Ungenauigkeit der Sinneserfahrungen. Das Vorstellungsleben legt sich bei vielen Menschen wie ein Schleier über die Wahrnehmungen. Sie verlieren dadurch alle Frische, werden matt und ungenau. Dadurch verkümmern die Fragen, die eigentlich aus dem Wahrnehmungsrätsel für den Betrachter hervorsprießen müßten. Der Denkwille greift dann nicht mehr richtig in das Bild der Welt, das uns geboten wird, ein. Ohne originäre Fragen aber wird auch das Denken blaß. Auch dem Gedanken gegenüber wird das Erleben schwach. Beide Phänomene isolieren den Jugendlichen – mehr als man gewöhnlich wahrhaben will – von der Welt. Das Selbst fällt auf das Erleben der eigenen Befindlichkeit zurück, was bereits einer leichten Krankheit gleichkommt. Interesse und Begeisterung für die Schönheit zu wecken, darin müßte die zweite Aufgabe der Kunst münden.

– Gerade weil die Kunst eine neue Weltsicht begründet, weckt sie Ahnungen. Diese gewinnen meist nicht die Form des Gedankens, aber sie sind Antrieb, Gedanken zu bilden. Die offenbaren Rätsel der Kunst beleben den Gestaltungswillen, sich auch auf dem Felde der Gedanken zu betätigen. In dieser Funktion werden sie «Nahrung» für das Selbst. Die Ästhetik in unserer Kultur ist in einer Krise. Viele wissen mit dem durch die Klassik gewonnenen Kunstbegriff nichts mehr anzufangen; ein Zeichen dafür ist, daß Schönheit immer mehr verlorengeht. Das Urteil, daß damit auch die zunehmende Labilität der Personen zusammenhängen könnte, wird nicht gewagt.

Diese drei Chancen rechtfertigen den Einsatz von künstlerischen Übungen in der Schule mehr als genug.

Weitere Gedanken zur praktischen Umsetzung der gefundenen Ziele

Bemerkungen zur Methodik und Didaktik der «Lernschule»

Wer nüchtern die heute üblichen Lehrmethoden betrachtet, wird nicht umhin können, ihnen ein repressives Element zuzuschreiben. Da diese Aussage heikel ist und leicht Mißverständnissen unterliegt, ist sie genauer zu begründen. Nicht der Lehrer, der sie anwendet, will repressiv wirken. Wenn aber für ein gewisses Alter eine Vorgabe an Wissen oder Fähigkeiten erfolgt, die für eine Versetzung in die nächste Klasse nachgewiesen werden müssen, so ist das eine bürokratisch gefällte Bestimmung, die nicht das einzelne Kind im Auge hat, sondern einen «allgemeinen Standard» festlegt. Die individuelle Entwicklung gerät mit solchen Bestimmungen nicht selten in Konflikt. Die festgeschriebene Leistung dann auch noch zum objektiven Wertmaßstab für die Intelligenz des Schülers zu gebrauchen, löst mehr Tragödien aus, als wir zuzugeben geneigt sind. Nur spielen sich diese gewissermaßen lautlos ab. Die Gesellschaft hat sich angewöhnt, solche Normen sowohl zu setzen als auch zu ertragen. Wer sie aus vielfältigen Erfahrungen im Umgang mit ihnen in Frage stellt, wird leicht als jemand diffamiert, der das Leistungsdenken unterminiert. Die Forderung nach Leistung wird unserer Gesellschaft ja wie eine Fahne vorangetragen, ohne die es anscheinend kein Seelenheil gibt.

Man hört heute aus den unterschiedlichsten Gruppen der Gesellschaft Klagen über mangelnde Leistungsbereitschaft auf allen Berufsfeldern. Das aber besagt doch, daß die jahrzehntelang vom Bildungssystem geforderten Leistungsnormen nicht dazu geeignet sind, im Jugendlichen die notwendige *Leistungsbereitschaft* zu wecken. Daraus müßten doch Konsequenzen gezogen werden. Was heute fehlt, ist eine Produktivkraft, die alte, erstarrte Lebensformen auf allen Lebensgebieten (Politik, Wirtschaft, Verwaltung) aufbricht. Die Freisetzung von Produktivität wurde aber gerade durch die bisher geltenden Leistungsmaßstäbe nicht erreicht. Ein wesentlicher Grund dafür liegt gerade in der Reglementierung der Leistung, die Kinder und Jugendliche von Anfang an daran gewöhnt, sich deren Forderungen anzupassen. Diese Anpassung lenkt die Produktivkraft in Arbeitsformen (des Unterrichts), welche die Kreativität gerade nicht fordern und damit auch nicht fördern. Die bloße Übernahme von Wissen und Kulturtechniken erstickt geradezu die individuelle Suchbewegung. Sie vermittelt doch den Eindruck, daß alles auf dieser Welt bereits gelöst sei. Das rächt sich, wenn die Lebensverhältnisse mit den bisher eingeschliffenen Denkformen nicht mehr zu lösen sind. Ist die Not entsprechend groß geworden (sprich: auch die Angst, erworbenen Wohlstand zu verlieren), gibt es einen Aufschrei bei allen Verantwortlichen. Aber diesem Aufschrei liegen die alten Denkmuster zugrunde. Es besteht die Gefahr, daß der Ruf nach mehr Leistung, wie er zur Zeit wieder einmal erhoben wird, sich in noch stärkerer Reglementierung des Bildungswesens niederschlägt, in strengeren Leistungsmaßstäben und schärferer Kontrolle. Das wird zur weiteren Verarmung an Produktivität führen. Die schärfere Reglementierung eröffnet keinen Weg aus der Sackgasse. Umdenken tut not.

Wer Kreativität wecken will, muß sich in erster Linie fragen, welche Methodik und Didaktik diese in der Schule (und anderswo) fördert. Er muß dort am radikalsten umdenken und handeln, wo die Ursachen für das heute kritisierte Verhalten liegen. Die Gesellschaft wird das Entwickeln von Produktivkraft in der Schule nur fördern, wenn sie unter anderem das vermeintliche Risiko eingeht, den Lehrern mehr Verantwortung zu übertragen. Ein weisungsgebundener Beamter kann schwerlich seine Schüler zu Risikofreude und Verantwortung erziehen. Man kann mit guten Gründen sogar behaupten, daß, solange die Entbürokratisierung in der Schule nicht stattgefunden hat, die Lehrer kaum ihren notwendigen Beitrag zur Lösung der Gesellschaftskrise leisten werden. Die festgelegten und festlegenden Urteile verschütten geradezu bei jedem Lehrer den Impuls zu entdeckendem Lernen. Wie soll es dann der Stil der Schule werden?

Schule übermittelt (noch sehr allgemein gesprochen) Wissen über das Leben. Kein Schulfach, das betrachtend betrieben wird, macht davon eine Ausnahme. Die Methodik und Didaktik der Fächer hat sich darauf beschränkt, das Wissen in eine Systematik zu bringen, die es, vom einfachen zum komplizierten aufsteigend, gliedert, damit es vom Schüler leichter aufgenommen werden kann.

Wenigstens drei Sachverhalte hat die Schule (ganz oder teilweise) aus den Augen verloren:

1. Die Fähigkeiten des Menschen entwickeln sich erst im Laufe der Kindheit und des Jugendalters. Sie sind durch eine einseitig sachgebundene Methodik und Didaktik wenig berücksichtigt worden. Reformbestrebungen haben im Gegensatz dazu immer zusätzlich eine menschenbezogene (entwicklungsbezogene) Methodik und Didaktik angestrebt.
2. Auf die Entstehungsgeschichte der einzelnen Wissenschaften ist in der Methodik und Didaktik so gut wie nie Rücksicht genommen worden. Sie ging beim Aufbau der Fächer immer vom «letzten Erkenntnisstand» des einzelnen Faches aus. Dieser sollte (gegebenenfalls vereinfacht) Kindern und Jugendlichen vermittelt werden. Dadurch schloß sie die Entwicklung von Vorstellungen und Begriffen im Verfolg der tatsächlich verlaufenen Wissenschaftsgeschichte aus. Diese aber zeigt, wie auch die Erwachsenen, ihrem Erkenntnisdrang folgend, nur ganz langsam jene Begrifflichkeit schufen. Die Wissenschaftler wußten, wie ihre Begriffe zu den Erscheinungen standen, sie stießen auch selbsttätig auf jene Phänomene, welche mit ihrer Begrifflichkeit noch nicht zu deuten waren.
   Die Wissenschaftsgeschichte führt das entdeckende Lernen par excellence vor. Der Forscher formulierte die Aufgabe, ihre Lösung mußte er selbsttätig erarbeiten. Damit war die Identität zwischen Forscher und Aufgabe gesichert.
   Wer heute (wie es z.B. die Physikbücher tun) die Begriffe definiert vorgibt, negiert diese Identifikationsmöglichkeit. Er schließt dabei das Erleben am Problem und die Anstrengung, es zu lösen, aus. Nur das Resultat soll gedächtnismäßig aufgenommen werden. Zugespitzt formuliert, tritt an die Stelle eigener Aktivität eine Dressur, welche die selbsttätige Produktivkraft der Persönlichkeit negiert. Der Mensch hat auf streng vorgegebenen Bahnen im Sinne der gedächtnismäßigen Aufnahme von Wissen zu funktionieren. Er soll nur, was bereits vorgedacht ist, verstehen lernen. Nachvollzug wird geübt.
3. Die Anwendung der gefundenen Erkenntnisse, also deren umgestaltende Wirkung in der Zivilisation und Gesellschaft wird von

der Methodik und Didaktik vieler Fächer nur nebenbei behandelt. Erst das Verständnis dieses Vorgangs garantiert das Behausen des Schülers in den Lebenssituationen, in die er sich hineingestellt findet. Erst dann erkennt er die menschlichen Intentionen und Erfolge (und deren Nebenwirkung, z.B. das Erschöpfen der Naturgrundlage), also die Ganzheit des durch Forschung ausgelösten Vorgangs.

Diese drei Tendenzen der heutigen Methodik und Didaktik sind andererseits verständlich. Die steigende Wissensfülle muß in einer begrenzten Ausbildungszeit abgehandelt werden. Das schafft einen gewissen Streß und einseitige Konzentration auf Ergebnisse. Es tritt das ein, was Carl Friedrich von Weizsäcker einmal in einem Gespräch so formulierte: «Wir brauchten im Göttinger Seminar Wochen, um ein Problem der Quantentheorie zu lösen, das heute ein Student im dritten Semester leicht und schnell routinemäßig bewältigt. Er hat aber auch nicht das Problembewußtsein, das wir damals hatten. Mit diesem Verlust müssen wir wohl den Fortschritt erkaufen.»

Mit anderen Worten: Will man die Fülle der Erkenntnisse für das Machbare beherrschen, muß man darauf verzichten, ihr Zustandekommen voll zu durchschauen. Die Erkenntnisse gewinnen dadurch eine Art Eigenleben, das von vielen Menschen nicht mehr überschaut und damit umgestaltbar wird. Wir werden in unserem Urteil immer mehr von «Experten» abhängig und müssen diesen letztlich glauben.

Dieses gewiß nicht befriedigende Verhalten wird aber von der heute üblichen Methodik und Didaktik früh angelegt, gefördert und befestigt. Die Primärerfahrung und das an diese anschließende persönliche Urteil kommen zu kurz. An ihre Stelle tritt eine von anderen bereits aufgearbeitete Wirklichkeit, die zu übernehmen ist. Das widerspricht so vehement den Bedürfnissen des Jugendalters, daß allein schon aus dieser Diskrepanz die ablehnende Haltung vieler Jugendlicher gegenüber der Schule erklärbar ist. Verstärkt wird ihre Ablehnung noch durch die nicht zu leugnende Beobachtung, daß diejenigen, die ein solches Verhalten fordern, selbst nicht in der Lage sind, die anstehenden brennenden Fragen der Gesellschaft zu lösen.

Es hat immer Ansätze gegeben, Methodik und Didaktik anders zu handhaben. Als ein Beispiel seien die Vorschläge von Wagenschein genannt. Sie wurden zwar bewundert und anerkannt, aber Konsequenzen für das allgemeine Schulleben und die Lehrpläne wurden nicht daraus gezogen. Man überließ es engagierten Lehrern, gewissermaßen auf eigene Faust den vorgegebenen Lehrplänen einen Freiraum abzutrotzen, indem sie Teile einer anders gerichteten Methodik und Didaktik praktizierten.

So verständlich einem Betrachter die hier angesprochene Tendenz heutiger Methodik und Didaktik sein kann, er wird ihr doch zumindest aus zwei Gründen nicht zustimmen können.

1. Was heute allgemein gefordert, aber im Konkreten nur von wenigen geleistet wird, ist eine unbefangene Betrachtung der augenblicklichen politischen, wirtschaftlichen und kulturellen Lage. Der sächsische Ministerpräsident Biedenkopf hat das volkstümlich ausgedrückt: Eine nüchterne (und nicht durch vorgegebene Interpretation schon wieder verstellte) Bestandsaufnahme wäre schon die «halbe Miete» für eine innovative Gestaltung der anstehenden Probleme. Man kann ihm da nur zustimmen. Gleichzeitig muß man aber anmerken, daß die gesamte Erziehung darauf hinausläuft, die unbefangene Betrachtung beim Jugendlichen gar nicht erst aufkommen zu lassen, vielmehr wird der Schüler mit Vorinterpretationen geradezu gefüttert. Der gesamte Erziehungsvorgang hat also eine andere Tendenz als die von Biedenkopf geforderte. Und deshalb braucht es nicht zu verwundern, daß es den Menschen so schwerfällt, die Unbefangenheit gegenüber den Tatsachen (und der in ihnen waltenden Logik) herzustellen, also um noch einmal Goethe zu bemühen: «Aufzufassen, was ist, und nicht, was behagt.»
   Auch wenn die gedanklichen Vorgaben in den Büchern und im Unterricht richtig wären – der Schüler kann sich mit ihnen nur schwer als Person verbinden. Die eigene selbstgesteuerte Wahrnehmung ist so gut wie nicht gefragt, ebensowenig das eigene aktive Denken. Das Denken darf erst dann in Funktion treten, wenn die vorgegebenen «Versatzstücke» miteinander verbunden werden sollen. Vom selbständigen Entdecken fehlt jede Spur. Das Erleben der Schüler ist dementsprechend gering. Das aber heißt: Die behandelten Gegenstände bleiben immer auf Distanz, eine wirkliche Identifikation mit ihnen findet, wenn überhaupt, nur gelegentlich und dann zufällig statt. Methodik und Didaktik ha-

ben sie jedenfalls nicht als ein wesentliches Ereignis des Unterrichts im Auge.
Wenn aber die zu lösenden Probleme (in der Schule wie im Leben) neu zu lösen sind, das heißt mit hergebrachten Begriffen nicht mehr bewältigt werden können, stellt sich eine merkwürdige Lähmung ein. Sie offenbart Hilflosigkeit. Man ist das entdekkende Lernen, das hier allein weiterhelfen könnte, nicht gewohnt. Wie eine tibetanische Gebetsmühle bemüht man alte, längst überholte Erklärungsmuster, deren Unfruchtbarkeit bereits erwiesen ist. Die Phrasen machen die Runde, während das Schiff aus dem Ruder läuft.
Das Ende des zwanzigsten Jahrhunderts hat die Signatur, daß auf allen Lebensgebieten ein Umdenken, besser gesagt: ein Neu-Denken, notwendig ist. Das vorzuüben, hat die Schule versäumt. Der Reform der Schule ist im politischen Leben (entgegen den bekannten Sonntagsreden) keine besondere Bedeutung zugemessen worden. In der Krise der Gegenwart wird wieder einmal bewußt, welche zentrale Bedeutung sie bei der Bewußtseinsbildung für die gesamte Gesellschaft hat. Kann man hoffen, daß die Forderungen zur Bewältigung der Krise eine Besserung bringen werden? Nach den bisherigen Erfahrungen ist wohl eher Skepsis angebracht.

2. Es ist wohl noch nie vorgekommen, daß die Institution Schule gerade von denen, für die sie bestimmt ist, also den Schülern, in solch erschreckendem Maße abgelehnt wurde. Die Ablehnung wird weniger mit den Köpfen vollzogen als mit den Füßen. Die aktive und passive Verweigerung reicht bis in jene Schülerkreise hinein, deren Eltern zum sogenannten Bildungsbürgertum gehören, das bestimmt alles daran setzt, seine Kinder zu beeinflussen, die Schule als Vehikel der Verteilung von Sozialchancen entsprechend zu nutzen.
Bisher fehlt eine gesicherte Untersuchung, wie weit dieser Prozeß fortgeschritten ist. Die Augenblicksaufnahmen jedenfalls sind erschreckend. Sie sind es vor allem aus zwei Gründen:

a) Wird die Schule durch die Vorkommnisse auch nicht völlig lahmgelegt, so wird sie durch sie in ihrer Arbeit doch sehr behindert. Die Reibungsverluste sind beträchtlich. Mancher Lehrer wird durch sie zur Aufgabe seines Berufes gezwungen. Andere Lehrer ziehen sich aus ihrem pädagogischen Engagement zurück und tun nur noch das Notwendigste. Sie sehen keine Ansätze, die Verhältnisse zu verändern.

b) Schaut man auf die extremen sogenannten Subkulturen, die sich zunehmend bei diesem Vorgang «etablieren», erkennt man den Ernst der Lage. Wir haben Vandalismus, Gewalt, Frühsexualität, Drogenmißbrauch und so weiter unter einem bestimmten Gesichtspunkt kurz charakterisiert. Sie schaffen für die Entwicklung des einzelnen Jugendlichen allergrößte Schwierigkeiten. Unter Umständen wird die gesamte Biographie eines jungen Menschen in gefährliche Bahnen gelenkt. Die bedenklichsten Folgen sind die gesellschaftliche Isolation und das Unvermögen, mit sich selbst zurechtzukommen.

Diese Symptome können niemanden, der sich für die Gesellschaft verantwortlich fühlt, kaltlassen. Man wird sicher noch andere Gründe neben dem hier aufgezeigten einer einseitigen Methodik und Didaktik zur Erklärung der Symptome heranziehen müssen. Unser Anliegen war es, im Kontext unseres Themas auf die Bedeutung der Methodik und Didaktik für die heutige Schulsituation hinzuweisen. Wer diesen Gesichtspunkt aus den Augen verliert, wird die notwendige Bildungsreform kaum leisten können. Man wird diesen Gesichtspunkt wahrscheinlich kaum anerkennen. Denn er hätte, würde man ihn konsequent verfolgen, einschneidende Konsequenzen, die fast alles, was sich bisher wie selbstverständlich in der Institution Schule eingebürgert hat, in Frage stellen.

Manche Zeitgenossen werden sogar in Beurteilungen wie den obigen bereits die Ursache für den Verfall der Konkurrenzfähigkeit der gesamten Gesellschaft gegenüber der Leistungskraft anderer Völker sehen. Solche Betrachter wollen oder können nicht die Lehren aus der gegenwärtigen Situation ziehen. Nicht derjenige ist auf Konkurrenz am besten vorbereitet, der am meisten weiß, sondern derjenige, der am besten das Lernen gelernt hat. Nur dieser wird mit den ständig wechselnden Bedingungen des Lebens zurechtkommen. Denn, das zeigen die Erfahrungen der letzten Jahrzehnte mit großer Klarheit: Wissen «veraltet» heute sehr schnell. Daraus ergibt sich die Notwendigkeit eines lebenslangen Lernens, das heißt permanenter individueller Fortbildung.

Wo ist, so muß man fragen, die Lust am Lernen am effektivsten zu wecken? Sicher dort, wo das gezielte Lernen beginnt, nämlich in der Schule. Und dies wird um so erfolgreicher geschehen, wenn das Entdeckerbedürfnis und die Entdeckerfreude gleich am ersten Schultag angeregt werden. Mit der Methode des entdeckenden Lernens findet man den Weg, wie das praktiziert werden kann.

Die schwierige Integration berufsorientierter Arbeit in den Lehrplan einer Waldorfschule

Die Situation des Jugendalters weist – wie wir gesehen haben – Züge eines gewissen Lebenshungers auf. Der Jugendliche möchte Eigenerfahrung möglichst auf allen Lebensgebieten erwerben. Wer dies erkennt, wird geneigt sein, das Lernangebot in diesem Alter möglichst reich und vielfältig zu gestalten. Für den speziellen berufsorientierten Bereich der Werkstätten hieße das zum Beispiel, möglichst viele Gewerke zum Kennenlernen anzubieten.

So logisch dieses Vorgehen auch scheint, es ist, allein für sich genommen, einseitig. Die Reflexion über die pädagogische Wirkung von Arbeit zeigt, daß sie viele Fertigkeiten und Arbeitshaltungen und auch den speziellen Gebrauch der drei Seelenfähigkeiten Denken, Fühlen und Wollen erziehen kann. Aber: Vorgegebene seelische Strukturen müssen dabei umgewandelt werden. Soll die Umwandlung wirklich stattfinden, sollen die pädagogischen Wirkungen von berufsorientierter Arbeit wirklich zum Tragen kommen, wird man realistischerweise diesem Prozeß so viel Zeit einräumen müssen, daß sich die neue Fähigkeitsbildung wirklich vollziehen kann.

Es wird eine Polarität sichtbar, die ausbalanciert werden muß. Dem berechtigten Streben nach Vielfalt steht die ebenso berechtigte Forderung nach Fähigkeitsbildung einschränkend gegenüber. Wie die richtige Balance zwischen diesen Forderungen ist, kann nicht vorgedacht werden, sondern muß durch Reflexion vieler Einzelbeobachtungen langsam gefunden und zusätzlich experimentell gesichert werden. Eines aber steht von vornherein fest: Weder die einseitige Forderung nach Vielfalt noch die einseitige Forderung nach Fähigkeitsbildung (am besten nur ein Gewerk und das gründlich!) wird zum Ziele führen.

Das gleiche Problem stellt sich an einem ganz anderen Schnittpunkt von Schule und berufsorientierter Arbeit. Es tritt eine «Konkurrenz» zwischen handwerklich orientierten «Schulfächern» der bisherigen Schule und dem neuen Angebot der Handwerksbetriebe ein – Keramik etwa wird in manchen Fällen sowohl in der Schule als auch im Handwerksbetrieb angeboten.

Unter dem Gesichtspunkt der Vielfalt läßt sich die dadurch auftretende doppelte Schulung durchaus rechtfertigen, denn es besteht ein gravierender Unterschied: In der Schule wird Aufbaukeramik betrieben, in der Werkstatt das Drehen. Trotzdem lauert an diesem Schnittpunkt von künstlerisch-handwerklichem Unterricht und berufsorientierter Arbeit eine nicht zu unterschätzende Gefahr. Es liegt im Wesen mancher Schulen, besonders der Waldorfschule, daß in ihnen das künstlerisch-praktische Tun besonders gepflegt wird. Musik, Eurythmie, Malen, Zeichnen, Rezitation und Schauspiel, Handarbeit, Handwerk und Gartenbau gehören wie selbstverständlich zum Lehrplan. Das ist zur Tradition geworden (ebenso wie viele Vorgehensweisen in den einzelnen künstlerischen Fachgebieten). Nicht immer ist eine genauere pädagogische Rechtfertigung dieser breiten künstlerisch-praktischen Ausbildung im Detail methodisch-didaktisch reflektiert. Auch die Klärung des Verhältnisses des künstlerischen Unterrichts zu den übrigen Fächern unter dem Gesichtspunkt der Balance fehlt öfters. Eine Folge dieser Entwicklung ist ein Stundenplan mit einer relativ hohen Stundenzahl. Aus ihm resultiert, besonders dann, wenn im Sprachunterricht beziehungsweise in den künstlerischen Fächern (gelegentlich auch anderswo) die Klassen in Gruppen geteilt werden, eine relativ hohe Belastung des Schülers. Und es bewirkt zusätzlich eine relativ hohe finanzielle Belastung der Schule.

Diese beiden Tatbestände werden lediglich deshalb vermerkt, weil eine solche Schule dadurch an die Grenzen ihrer Beweglichkeit stößt. Das bekommt jede Schule, die den Versuch einer Innovation unternimmt, sofort zu spüren. Durch die scheinbare Geschlossenheit des bestehenden Lehrplans herrscht verständlicherweise die Tendenz, Innovationen dem Bestehenden additiv hinzuzufügen. Denn die pädagogischen Begründungen der Innovation werden unter Umständen voll eingesehen, ja sie lösen bei allen Lehrern Begeisterung aus. Die Grenzen der Machbarkeit im Sinne des Ganzen (also der traditionell gewachsenen Form und der Innovation) werden weniger scharf gesehen. Sie holen erfahrungsgemäß erst nach geraumer Zeit den Versuch ein.

Zugespitzt formuliert heißt das: Mit der *Addition* neuer pädagogischer Maßnahmen ist deren *Integration* in das Konzept einer Schule nicht gelöst. Soll die Integration gelingen, ist Althergebrachtes, und zwar auch solches, was sich bislang bewährt hat, wieder einmal in Frage zu stellen. Es sollte von vornherein klar sein, daß eine solche Befragung ohne vorab gesetzte Tendenzen erfolgen sollte. Die Frage ist: Wie dienen die einzelnen Unterrichtsmaßnahmen (heute und im Konkreten!) den von der Schule verfolgten Erziehungszielen? Eine schlüssige Antwort setzt zweierlei voraus:

- daß über die Erziehungsziele Klarheit und Einigkeit besteht und
- daß die Umsetzung der Erziehungsziele im einzelnen geprüft wird.

Die Beurteilung des letzteren kann nicht allein auf der Selbsteinschätzung der das Fach unterrichtenden Lehrer beruhen. Diese ist sicher wichtig. Aber sie müßte (und zwar im konkreten Unterricht) auch von Kollegen nachvollziehbar sein. Mit anderen Worten: Die konkrete Selbstverwaltung einer Schule (in diesem Falle auf geistigem Felde) ist gefragt.

Und es will auch nicht nur die berufsorientierte Arbeit daraufhin befragt werden, was sie pädagogisch leistet, sondern gerade auch jene Fächer, die (z.B. im künstlerischen Bereich) zur Tradition einer Waldorfschule gehören. Kurz: Innovation bietet die Chance, sich erneut über das, was man will, klarzuwerden.

Wer die Konsequenzen eines solchen Verfahrens durchdenkt, sieht sofort Schwierigkeiten. Unter Umständen müßte der Kollege A, obwohl er als Kollege geschätzt ist, seine Arbeit einschränken. Vielleicht droht ihm sogar der Abbruch seiner Tätigkeit an dieser Schule, was niemand verantworten will, obwohl er an einer anderen Schule sofort wieder Arbeit finden könnte. Also verständliche persönliche Gründe sind der Anlaß für das Zögern, einen im Gesamtkonzept «überflüssig» gewordenen Unterricht zu streichen.

Oder die finanziellen Ressourcen der Schule werden durch die durchgeführte Innovation knapp. Der Geldmangel ist dann der Anlaß, die Frage nach eventuellen Sparmöglichkeiten zu stellen. Unter Umständen fällt der Blick auf Fächer, wo der Unterricht in Kleingruppen bislang effektiv, finanziell aber sehr aufwendig durchgeführt wurde. Diese «eingebürgerte» Unterrichtsform ist aber schwer in

Frage zu stellen. Einmal, weil sie bislang recht gut funktionierte, zum anderen weil der Kollege, wenn sie verändert werden sollte, ungleich schwierigere Arbeitsbedingungen als bisher auf sich zukommen sieht, die er nicht ohne weiteres auf sich nehmen will.

Diese beiden möglichen Beispiele ließen sich durch viele andere ergänzen. Sie sollen nur verdeutlichen, daß

- jede Innovation, die nicht additiv zu bewältigen ist, Diskussionen auslöst (das kann äußerst fruchtbar sein!);
- daß zu ihrer Bewältigung (wenn diese sich nicht endlos hinziehen soll) ein hohes Maß an Objektivität und Übersicht gefordert ist;
- daß persönliche Belange in dieser Diskussion zurücktreten müßten.

Damit sind außerordentlich hohe Anforderungen an eine Kollegenschaft gestellt. Wer an solchen Besprechungen je teilgenommen hat, ist erstaunt, welche Flut von Argumenten in ihnen auftaucht. Das ist zu begrüßen, weil diese offensichtlich in der Lehrerschaft leben; in manchem Fall werden sie bei der Gelegenheit zum erstenmal artikuliert. Das Kollegium lernt sich dabei also ganz neu kennen. Das Ringen um eine Lösung ist zeitraubend. Das ist verständlich, weil die Einschnitte in das Schulkonzept vielleicht schwerwiegend und von persönlichen Konsequenzen begleitet sind. So gerät die gewünschte Neugestaltung zu einer Nagelprobe für ein Kollegium. Ist es in der Lage, aus Einsicht in die Erziehungsnotwendigkeiten der Gegenwart alte Gestaltungsformen wirklich in Frage zu stellen, oder fällt es, wenn es um Entscheidungen geht, doch wieder in jene Strukturen zurück, die bereits jahrzehntelang das Schulleben beherrscht haben? Wenn das aus wirklicher Einsicht geschieht, dann ist dagegen nichts einzuwenden. Geschieht es aber aus Zögerlichkeit gegenüber Veränderung und deren Konsequenzen, dann steuert ein solches Kollegium mit einiger Sicherheit in eine Krise.

Wie kann dem vorgebeugt werden?

Bei der probeweisen Einführung neuer Unterrichtsinhalte und Unterrichtsformen müßte von vornherein klar sein, daß am Ende der Erprobung die Entscheidung über deren Stellung im Schulkonzept unabwendbar ist. Um sich ein eigenes Urteil über die dann zu erwartenden Überlegungen zu bilden, müßte der Versuch mit äußerster Sorgfalt und größtem Interesse von allen Kollegen verfolgt werden.

Wo das nicht geschieht, besteht die Gefahr, daß Vorurteile die später notwendige Urteilsbildung bestimmen beziehungsweise Urteile anderer Kollegen übernommen werden müssen. Nur wenn der Versuch aufmerksam begleitet wird, entspricht das der Verantwortung, die jeder Kollege für das Gedeihen der gesamten Schule hat.

Wenn das Kollegium in seiner Gesamtheit sich durch diese Begleitung überfordert fühlt, kann es sie an eine Gruppe von Kollegen delegieren, die sich dafür zur Verfügung stellen. Nur muß bei einer solchen Delegation von vornherein klar sein, daß damit auch die Entscheidung über den Versuch mit allen sich daraus ergebenden Konsequenzen dieser Gruppe zufällt. Man kann nicht Kollegen eine Mehrarbeit aufbürden, die man selbst nicht zu leisten gewillt ist, dann aber, wenn deren Ergebnisse vorgetragen werden, diese durch ein Veto kippen. Abgesehen davon, daß dem Veto die persönlichen Urteilsgrundlagen fehlen würden, wäre ein solches Vorgehen gegenüber den Kollegen, die sich der Mehrbelastung auf Wunsch des Kollegiums unterzogen haben, unfair. Denn deren Bemühen würde dadurch zur «Arbeitstherapie» degradiert.

Man sage bitte nicht, daß damit die Selbstverwaltung einer Schule, die doch alle angeht, unterlaufen würde. Das geordnete Verfahren einer Delegation schränkt die Selbstverwaltung nicht ein, sondern macht sie erst möglich. Die Einsicht in diese Sachlage ist ein sogenannter «springender Punkt» der Selbstverwaltung. Wenn Selbstverwaltung darauf hinausliefe, daß alle alles machten, würde sie so schwerfällig, daß sie den Forderungen des Tages nicht mehr nachkommen könnte. Sie bedarf der einvernehmlichen Arbeitsteilung (Delegation). Nur muß allen, die darüber zu entscheiden haben, klar sein, daß mit solchen Delegationen das Entscheidungsrecht über die in Frage stehende Sache verbunden ist. Wo dies nicht eingehalten wird, wird die Arbeitsteilung sinnlos und ein Zustand heraufbeschworen, der in endlose Debatten mündet, die keine Entscheidung herbeiführen. Die Argumente drehen sich im Kreise. Die dadurch verursachte Lähmung kann nur das Resultat haben, daß alles beim alten bleibt. Neu ist allerdings eine aufgeheizte soziale Atmosphäre. Die nicht getroffene Entscheidung ist – lebensgemäß betrachtet – doch auch eine Entscheidung. Nur fehlt ihr die Grundlage übereinstimmender Urteile. Sie kommt gerade aus einem Dissenz der Beurteilung zustande, also einer wechselseitigen Blockade. Das ist eine schlechte Basis für eine gemeinsame Aufgabe.

Wenn die Entscheidungsbefugnis bewußt abgetreten worden ist, bleibt für denjenigen, der mit ihren Resultaten persönlich nicht einverstanden sein kann, immer noch die Möglichkeit, sich Arbeit an einer anderen Schule zu suchen. Dann wird sein Veto existentiell gedeckt.

Das Verhältnis berufsorientierter Arbeit zu den betrachtenden Fächern der Schule – Die Wendung des betrachtenden Unterrichts ins Lebenspraktische

Es soll gegen Schluß der Ausführungen auf einen einzigen Gesichtspunkt zum übrigen Unterricht eingegangen werden.

Wer erkannt hat, daß die hier geschilderte Fähigkeitsbildung der Jugendlichen und deren Behausung in den Lebensverhältnissen zu den wichtigsten pädagogischen Aufgaben der Gegenwart zählt, wird sich fragen, was der übrige Unterricht zu dieser Aufgabe beitragen kann. Dazu seien wenige Bemerkungen zu dem großen Feld des betrachtenden Unterrichts gemacht. Sie gelten vor allem ab der 6. Klasse, weil in diesem Lebensalter (Vorpubertät) in den Schülern die Erfahrung der Gedankenlogik auftaucht. Damit etabliert sich jene Kraft, die, auf Zwecke gerichtet, die gegenwärtige Kultur und Zivilisation grundlegend beeinflußt. Die seelischen Vorbedingungen für deren Verständnis sind damit geschaffen.

Eine Reihe von naturwissenschaftlichen Fächern (Geographie, Physik, Chemie) handeln von Kenntnissen, deren praktische Anwendung im Erwerbsleben unsere Zivilisation bestimmt. Die Geographie klärt weiter darüber auf, wie die Rohstoffe, welche die Grundlage für alles Wirtschaften darstellen, über die Erde verteilt sind. Das gilt für die Bodenschätze wie für die landwirtschaftlichen Produkte, die durch Erd- und Klimaverhältnisse an ihren Standorten gedeihen. Die Rohstoffe sind nicht nur die Ursache örtlich gebundener Industrien, welche diese weiter verarbeiten – durch den heutigen Welthandel können sie auch in alle Teile der Welt transportiert werden, um dort veredelt zu werden. Entwirft die Geographie ein Bild von den Rohstoff- und Warenströmen, welche die Welt überziehen, so wird sie zur elementaren Wirtschaftskunde. Für den Jugendlichen wird einsichtig, wie die Industriestandorte sich entwickelt haben und daß die Verkehrsverhältnisse eine wichtige Rolle bei dieser Entwicklung spielten. Denn der Verkehr ermöglicht es, die substantiellen Grundlagen allen Wirtschaftens über die Welt zu verteilen.

Physik und Chemie liefern weitere geistige Voraussetzungen dafür, die Entwicklung der Wirtschaft zu verstehen. Kenntnisse der Physik und der Chemie flossen und fließen in den Bau von Maschinen oder Produktionsverfahren ein, mit denen der Veredelungsprozeß der Rohstoffe (wirtschaftlich gesehen: der Mehrwert) möglich wird. Sie sind die Impulsgeber für technische Entwicklungen. Je mehr Innovationen von ihnen ausgehen, um so erfolgreicher wird die Wirtschaft, weil sie der Konkurrenz überlegen sind.

Die technische Umsetzung physikalischer und chemischer Forschungsresultate wird im Unterricht dieser Fächer meist nur beiläufig behandelt. Wir meinen zu Unrecht! Denn erst, indem ihre Anwendung dargestellt wird, zeigt sich, wie tiefgreifend diese Wissenschaften die Erwerbsverhältnisse verändern. Man braucht nur an die Erfindungen des Buchdrucks, der Dampfmaschine oder der Glühbirne und deren Folgen zu denken, um zu begreifen, wie angewandte naturwissenschaftliche Erkenntnisse das gesamte Leben der Menschheit verändert haben. Durch die Erfindungen wurden nicht nur die Erwerbsverhältnisse beeinflußt, sondern bisweilen auch die sozialen Verhältnisse tief erschüttert. Eine genauere Betrachtung zeigt, daß dabei auch das Bewußtsein der Menschen eine neue Struktur erhält. Wir brauchen nur auf die Erfindung der Uran-Spaltung und das, was durch sie ausgelöst wurde, zu blicken, um zu ermessen, welche Kräfte durch eine Erfindung manchmal entbunden werden. Die Erkenntnis der Folgen menschlicher Wissenschaft für die von ihr betroffenen Menschen sollte vielseitig beleuchtet werden. Erst durch die Betrachtung dieser Folgen wird der Wirkungszusammenhang einer Idee für die Gesellschaft und deren Entwicklung aufgedeckt. Kulturgeschichte wird anschaubar. Wer bei der naturwissenschaftlichen Seite der Ideen stehenbleibt und nicht deren Auswirkungen auf die Wirtschaft, das soziale Leben, die Bewußtseinshaltungen und so weiter verdeutlicht, liefert nur ein Fragment der Wirklichkeit.

Pädagogisch formuliert, hieße das: Wenn diese Folgen nicht dargestellt werden, wird der Jugendliche im Stich gelassen, weil ihm Wesentliches vorenthalten wird, was zu einer umfassenden Beurteilung des Lebens notwendig ist. Deshalb sollte der Lehrer vermitteln, was die vielen Entdeckungen auf naturwissenschaftlichem Felde zu der Gestalt der heutigen Lebensverhältnisse beigetragen haben.

Will man aber in die Fülle wissenschaftlicher Erkenntnisse gründlich einführen, ist die Zeit, die dem Fach in der Schule zur Verfügung steht, in der Regel verbraucht. Was Wunder, daß Anwendung und Folgen der Erfindungen und der Entdeckungen bestenfalls erwähnt (aber nicht gründlich besprochen) werden oder ganz auf der Strecke bleiben. Unbemerkt gewinnen dann fachspezifische (wissenschaftliche) Gesichtspunkte im Unterricht die Oberhand. Eine Lebenskunde aber, wie sie den Bedürfnissen des Jugendlichen angemessen ist, durchbricht die Grenzen des einzelnen Faches, denn das Fachwissen vermittelt nur einen Gesichtspunkt zur Beurteilung des Vorgangs im wirklichen Leben. Lebenskunde ist bestrebt, die verschiedenen Gesichtspunkte (wissenschaftliche, geschichtliche, politische, wirtschaftliche usw.) in ihrem Zusammenwirken im Leben zu verfolgen. Der einzelne Lehrer müßte von diesem Gesichtspunkt überzeugt und beflügelt sein.

Vielleicht wird sich der Leser mit dem Begriff «Lebenskunde» schwertun. Eine Möglichkeit, die Fülle der Lebenserscheinungen überschaubar zu machen, ist, sie in das Geistesleben, das Rechtsleben und das Wirtschaftsleben zu gliedern. Schon eine solche erste grobe Gliederung zeigt, daß die heutige Schule sich vornehmlich mit dem Geistesleben beschäftigt. Das Rechtsleben wird durch die Fächer Geschichte und Sozialkunde nur sehr dürftig abgedeckt (siehe unsere Betrachtungen über Sozialkunde). Mehr oder weniger ganz vernachlässigt wird in der heutigen Schule das Wirtschaftsleben. Das ist, bei Licht betrachtet, geradezu grotesk. Bestimmt doch das Wirtschaftsleben unser aller Existenz bis in die Fundamente. Kränkelt die Wirtschaft, sind wir als Einzelwesen und als Gemeinwesen betroffen, auch wenn wir nur als Konsumenten an der Wirtschaft teilhaben. Im Gegensatz zur Bedeutung des Wirtschaftslebens haben wir kaum Kenntnisse über es. Indiz dafür ist, daß der Wirtschaftsteil einer Zeitung für die meisten Menschen (auch die sogenannten Gebildeten) ein Buch mit sieben Siegeln ist. Wer zudem noch den Einfluß der Wirtschaft auf die Politik ins Auge faßt, muß sich fragen, wie es möglich ist, daß die Schule an einem so wichtigen und bestimmenden Teil unseres Gemeinwesens (so ignorant) vorbeileben kann.

Für diese Haltung gibt es zumindest drei Gründe:

– Die Struktur der Schule wurde bisher von einer einseitig humanistischen Tradition bestimmt (siehe Einleitung).
– Die Lehrer tradieren diese Wirklichkeit von Schule; ihr Bild von Schule wird durch die Lehrerausbildung wenig korrigiert.
– Die Lehrerausbildung selbst hat sich immer stärker am wissenschaftlich gesicherten Fachwissen orientiert und dabei grundlegende pädagogische Gesichtspunkte aus dem Auge verloren. Sofern diese existierten, wurden sie nicht konsequent in Methodik und Didaktik umgesetzt.

Die Folge davon war, daß einerseits das Geistesleben in der Schule immer wissenschaftsorientierter wurde, andererseits Rechts- und Wirtschaftsleben vernachlässigt wurden.

Selbst die augenblickliche Krise der Schule, die an manchen Orten den üblichen Betrieb fast unmöglich macht, wird nicht zum Anlaß genommen, die Methodik und Didaktik erneut unter pädagogischen Gesichtspunkten zu hinterfragen.

Dabei zeigen unsere Bemerkungen zu Geographie, Physik und Chemie, daß es leicht wäre, diese Fächer dahingehend fortzuführen, daß der Unterricht einen konkreten Einblick in die heutigen Erwerbs-, Betriebs- und Wirtschaftsverhältnisse bietet, die das Sozialleben der Menschen gravierend mitbestimmen.

Das Fach Geschichte könnte unter diesem Blickwinkel für die Behausung des Jugendlichen in der Gegenwart eine ungemein wichtige Rolle spielen. Geschichte müßte dann nur vorwiegend als Kulturgeschichte konzipiert werden. Das heißt letztendlich, daß Geschichte vor allem die unterschiedlichen Bewußtseinszustände zu verdeutlichen hat, die sich im Aufeinandertreffen von Kulturen manifestieren und soziale Auseinandersetzungen hervorrufen. Das Verhältnis der Industrienationen zu den Entwicklungsländern, nicht schöngeredet, sondern anhand der wirklichen (vor allem wirtschaftlichen) Tatsachen verfolgt, zeigt, daß die Konfrontation unterschiedlicher Bewußtseinsverhältnisse heute die größten Probleme aufwirft. Solche Erkenntnisse und Urteile benötigt jeder, der die in unserer Zeit wirkenden politischen Kräfte durchschauen will.

Kulturgeschichte ist aber auch Wirtschaftsgeschichte. Da das Leben wesentlich von Erfindungen geformt ist, spiegeln sie eine spezielle Seite des Geisteslebens, ihr Ursprung wird wieder im spezifischen Bewußtsein zu suchen sein. Was in der Kulturgeschichte mit Händen zu greifen ist, nämlich der Bewußtseinswandel (z.B. der, welcher sich vom Mittelalter zur Renaissance vollzieht), ist auch in der Wirtschaftsgeschichte aufzufinden. Man denke nur, welchen Bewußtseinswandel die doppelte Buchführung begründet, welche die Kräfte, die im Wirtschaftsleben wirksam sind, neu ins Bewußtsein hebt.

In der Kunstgeschichte manifestieren sich diese Veränderungen des Bewußtseins in sogenannten Stilen, die nicht so leicht zu übersehen sind. Für die Wirtschaftsgeschichte müssen die Merkzeichen des Bewußtseinswandels gleichsam noch gehoben werden. Sie sind da, aber man mißt ihnen (noch) keinen Zeichen-Charakter bei. Schon gar nicht ist ihre Bedeutung für die Geschichte als Lehrfach entdeckt.

Eine weitere Möglichkeit, Lebenstüchtigkeit anzulegen, ist die sofortige Umsetzung des Gelernten in die praktische Anwendung. Sicher ist, daß die praktische Anwendung des Gelernten durch die Schule nur exemplarisch durchgeführt werden kann. Ebenso sicher ist aber auch, daß die Schule diese Anwendung stärker, als das bisher geschieht, durchführen könnte. Die im Lehrplan der Waldorfschulen für die Mathematik der 10. Klasse vorgesehene Einführung in die Winkelfunktionen und deren sofortige Anwendung in einer Feldmeßepoche, in deren Verlauf die Jugendlichen konkret ein Stück Land messen und die Ergebnisse in einem Plan festhalten, ist ein beliebiges Beispiel für eine solche Umsetzung. Eine detaillierte Beschreibung einer solchen Feldmeßepoche würde all jene Situationen von falschem und schließlich korrigiertem Handeln aufzeigen, wie sie die Beschreibung der Arbeit in der Malerwerkstatt geliefert hat. Auch hier ist das wichtigste pädagogische Ereignis die vom Schüler selbst gesteuerte Korrektur unsachgemäßer Handlungen und die dabei in Gang gesetzte Selbsterziehung, begleitet von einem oft tiefgreifenden Aufwacherlebnis. Der Jugendliche erlebt hier konkret, daß mit Hilfe von Wissen die Welt gestaltbar wird, was die Souveränität der eigenen Person gegenüber den Weltverhältnissen verbürgt. Der Unterricht bietet zahlreiche solcher Umsetzungen an, aber der Lehrer ist wenig geschult, diese Möglichkeiten zu sehen, aufzugreifen und durchzuführen. Um bei unserem Beispiel zu bleiben: Die mathematische Beherrschung der Winkelfunktionen ist eines, die Beherrschung des Meßvorgangs mit Hilfe des Theodoliten etwas anderes.

Auch die methodische Gestaltung des Meßvorgangs will überlegt sein. Gleichzeitig erschließt die konkrete Umsetzung dem Schüler ein Erlebnis der praktischen Berufswelt.

Weil eine solche Erweiterung des Lehrplans zur Lebenspraxis hin unüblich ist, ist der Lehrer nicht geschult, die praktische Anwendung auch auf anderen Gebieten zu entdecken. So bleiben viele Umsetzungsmöglichkeiten ungenützt. Die Chance, die Schule als Erlebnisraum zu gestalten, in dem das Leben in seinen Verhältnissen exemplarisch erfahren werden kann, wird vertan. Das Feldmessen ist mehr als ein Beispiel. In ihm liegt eine Tendenz, die das Bild von Schule ebenfalls grundlegend verwandeln könnte.

Wie dem Kinde gegenüber müßte der Lehrer auch dem Leben gegenüber auf Entdeckungen aus sein, gerade dann, wenn er die Befindlichkeit des Jugendlichen ernst nimmt.

Es wäre zum Beispiel schwer verständlich, wenn sich durch die Kooperation einer Schule mit einer Elektronikwerkstatt der Physikunterricht über Elektrizität nicht so verändern würde, daß die pädagogische Tendenz der Feldmeßepoche fortgesetzt wird. Geschieht dies nicht, hat das Kollegium (bzw. der Physiklehrer) die pädagogischen Chancen, welche die Elektronikwerkstatt in die Schule einbringt, noch gar nicht richtig erkannt.

Das Beispiel zeigt, wie stark Traditionen in der Schule wirken. Sie leben im vorgeformten Bewußtsein der Lehrer und erhalten von dort immer wieder neue Nahrung. Eine neue Organisation der Schule allein hilft nichts. Soll sie effektiv werden, müßte das Bewußtsein der Lehrer, die in ihr unterrichten, sich ändern.

Das entdeckende Lernen des Lehrers auf diesem Felde könnte geradezu zum Abenteuer werden (falls Abenteuerlust bei den Lehrern vorhanden ist). Denn die Konkretion des Wissens kann auf die unterschiedlichste Art angegangen werden. So kann zum Beispiel schon das einfache Rechnen von Dreisatz und Prozentrechnung in eine Einführung in das Bankwesen und in die praktische Buchführung übergeführt werden. So wie beim Feldmessen keine Geometer ausgebildet werden sollen, so auch bei der Buchhaltung keine Buchhalter. Aber das Prinzip eines Berufsfeldes könnte durch eigene Tätigkeit anfänglich erlebt und durchschaut werden. Durch solche Einführung bliebe es dem Jugendlichen nicht fremd. Der Jugendliche gewänne, indem er solche praktische Umsetzungen durchliefe, wichtige Erfahrungen. Die erste wäre, daß es sich durchaus lohnt zu lernen, die zweite, daß die Schule eine Vorschule des Lebens ist. Die Schule muß nur die Möglichkeiten, die sie hat, gestalten, um diesen Eindruck auch auszulösen. Die dritte und vielleicht wichtigste Erfahrung für den Jugendlichen wäre, daß es gar nicht so schwer ist, sich im Leben zu behausen.

Kritiker werden einwenden, daß jedes dieser exemplarisch aufgeführten Unternehmen Zeit kostet und daß die zur Verfügung stehende Schulzeit nur einmal verteilt werden kann. Das ist richtig. Wer aber mißt die Zeit, die heute im Kampf mit Verweigerungshaltungen vertan wird? Diese Verluste sind enorm. Die zunehmende Verweigerungshaltung setzt die Funktion der Schule sogar punktuell außer Kraft. Der dabei entstehende Zeitverlust ist zudem kontraproduktiv.

Die in diesem Abschnitt vorgeschlagenen Gestaltungsprinzipien für die Methodik und Didaktik kosten zwar Zeit, aber sie antworten auf Bedürfnisse des Jugendalters. Indem sie diese befriedigen, entsprechen sie den Zielen, welche die Schule bei einem entsprechenden Selbstverständnis verfolgen muß. Erfahrungsgemäß setzen sie den Lernwillen, auf den es doch für die persönliche Entwicklung so entscheidend ankommt, überhaupt erst in Gang. Gelingt dies, so wird ungemein viel Zeit gespart. Es ist erstaunlich, was Fünfzehn- bis Sechzehnjährige dann leisten können. Solche Tatsachen werfen alle abstrakt kalkulierten Zeitvorstellungen als unrealistisch über den Haufen. Trotzdem gilt auch hier, was schon mehrfach bemerkt worden ist: Die unterschiedlichen Aktivitäten müssen aufeinander abgestimmt, eine Rationalität auch im Sinne der Zeitvorgaben gefunden werden.

Im Augenblick aber scheint es viel wichtiger, die aufgezeigten Tendenzen in die Praxis umzusetzen und Erfahrungen mit ihnen zu sammeln. Man sollte nicht in den alten Fehler verfallen, eine Gesamtgestalt der Schule vorab zu konstruieren. Sie sollte von denen, die sie realisieren wollen, also den Lehrern, im Tun langsam gefunden werden. Für manche wird eine solche Forderung utopisch klingen, für wenige sogar wie der Aufruf zum Chaos. Die Gegenfrage sei erlaubt: Steht die real existierende Schule nicht ganz nahe am Chaos?

Es ist hier nicht der Ort, weitere Fächer durchzugehen und aufzudecken, was sie im einzelnen für die konkrete Einführung des Jugendlichen in das Verständnis der Zeit, in der der Jugendliche demnächst als Erwachsener mitgestalten wird, leisten können. Die hier erwähnten «Schlaglichter» sollen nur drei Urteile verdeutlichen:

1. Eine Veränderung der Didaktik der Unterrichtsfächer in Richtung einer effektiven Lebenskunde ist möglich. Auf dem Hintergrund der herrschenden Schulkrise ist diese Veränderung geradezu notwendig. Denn in der Lebenskunde liegen Anreize für den Jugendlichen, auch im betrachtenden Unterricht Interesse zu entwickeln. (Dieses Ziel bedarf gewiß noch weiterer Voraussetzungen, die hier nicht behandelt werden.)
2. Vorreiter in diesem Prozeß müßten eigentlich jene Schulen sein, die berufsorientiertes Lernen in ihr Lehrprogramm aufgenommen haben. Denn die Lehrer dieser Schulen müßten doch erleben, welche Wirkungen von einer praktischen Lebenskunde, die das berufsorientierte Üben darstellt, ausgehen.
3. Was hier als pädagogisches Ziel ins Auge gefaßt wird, erweist sich, würde es nur konsequent verfolgt, als eine Lehrplan-Revolution. Denn der Umstrukturierung der Fächer mit dem Ziel, Lebenskunde zu vermitteln, sind keine Grenzen gesetzt. Die Phantasie findet immer neue Bezugspunkte der Fächer zu den Lebensverhältnissen. Eine deutliche Grenze für diese Bestrebungen setzen aber (worauf wir bereits hingewiesen haben) die geltenden Lehrpläne. Sollen deren Vorgaben erfüllt werden, ist, so scheint es, die zur Verfügung stehende Zeit bereits ausgeschöpft. Für eine gründliche Besprechung dessen, was sich im praktischen Leben abspielt, bleibt keine Zeit. Daß bei dieser Haltung die Schule sich immer weiter vom Leben entfernt, wird nicht ernst genommen, selbst dann nicht, wenn die Schule eine Welle von Verweigerung zunehmend lähmt. Der Verweigerung durch die Schüler müßte eine Revolution der Lehrplangestaltung entgegentreten.

Wir haben als einen Grund für die mangelnde Reaktionsfähigkeit der höheren Schule deren einseitige Wissenschaftsorientiertheit genannt. Wer dies ausspricht, gerät sofort in den Verdacht der Wissenschaftsfeindlichkeit. Dabei wird mit den vorgetragenen Gedanken überhaupt nicht gegen Wissenschaft polemisiert, sondern lediglich ihr einseitiger Einsatz in der Schule in Frage gestellt. Indem die technischen Errungenschaften, zu denen die Wissenschaft den Grund gelegt hat, eingehend besprochen werden, wird doch nicht das Ansehen der Wissenschaft gemindert. Im Gegenteil: Es wird für den Jugendlichen erst erlebbar, welch entscheidenden Einfluß Wissenschaft auf alle Lebensverhältnisse heute ausübt. Da diese Einflüsse zum Gesamtbild der Wissenschaft gehören wie die Taten eines Menschen zu seinem Charakter, wird durch einen durchgehend lebenskundlich orientierten Unterricht überhaupt erst ein deutliches Bild über die Wissenschaftswirkung entstehen. Und aus diesem Bilde kann für interessierte Schüler die Motivation erwachsen, sich nun auch eingehender mit den Methoden der Wissenschaft auseinanderzusetzen.

Die Einführung in wissenschaftliche Verfahren kann selbst in den letzten drei Klassen der Oberstufe nur einen propädeutischen Charakter haben. Die Fähigkeiten, eine wissenschaftliche Methode zu verstehen, fangen in diesem Lebensalter gerade an, sich zu entfalten, so daß sie selbständig angewendet werden können. Wer dagegen glaubt, sie durch frühere Einübung fördern zu können, wird entweder auf Unverständnis stoßen (was die Revolte unterstützt) oder Papageien dressieren, die das Gebotene rezeptiv aufnehmen und (ohne eigentliches Verständnis) wiedergeben. Hält man sich dagegen auch in dieser Frage an die Prämissen des entdeckenden Lernens, so merkt man sehr schnell, daß die Jugendlichen selbsttätig nur langsam in der Beherrschung wissenschaftlicher Methoden vorankommen. Das ist keineswegs zu bedauern. Die höhere Schule kann doch nicht ihren einzigen Sinn darin sehen, ein Zulieferer-Betrieb für die Universität zu sein. Wäre das ihr Sinn, würde sie der Universität schlechte Dienste erweisen. Denn nur, wenn die Schule auf die Bedürfnisse des Jugendalters eingeht, wird sie die Jugendlichen so fördern, daß die Voraussetzungen für ein lebenslanges Lernen aus eigener Motivation geschaffen werden. Darin liegen allein Sinn und Aufgabe der höheren Schule. Verfolgt sie diese Aufgabe gezielt, «liefert» sie der Universität gleichzeitig auch die besten Studenten.

Zusammenfassung und historischer Rückblick auf die Gründung der ersten Waldorfschule

Aus den Darstellungen über eine Annäherung der Schule an die pädagogischen Chancen einer Lebensschule ergeben sich drei Leitlinien.

Das Kostbarste, was der Schüler mitbringt, ist seine Eigentätigkeit. Sie anzuregen und zu fördern ist die vornehmste Aufgabe der Schule. Der Umgang mit ihr entscheidet wesentlich über die Produktivkraft, mit der später der Erwachsene seine Lebensaufgaben meistert. Diese Produktivkraft allein ist der Garant für ein lebenslanges Lernen, das notwendig ist, um die heute schnell wechselnden Lebenssituationen in den Anforderungen der Zeit gestalterisch zu bewältigen.

Die Eigentätigkeit entfaltet sich nur, wenn es gelingt, den entsprechenden Altersstufen gemäß das Interesse für die Welt zu wecken und das entfachte Interesse durch selbständig zu lösende Aufgaben zu steigern.

Die Eigentätigkeit kann sich auf zwei Feldern erproben.

Das eine ist die Erkenntnis. Hier lauert aber eine Gefahr, der die Schule bisher meist erlegen ist: die zu starke Abstraktion. Sie verliert die Grundlagen, aus denen sie gewonnen ist, zu schnell und unbedachtsam aus den Augen. Dadurch entwickelt das erworbene Wissen eine beobachtbare Eigentätigkeit, die leicht von der Person nicht mehr voll beherrscht wird. Das Erleben wird aus dieser Tätigkeit ein Stück weit verdrängt. Im Extrem werden dann bestimmte Vorgehensweisen der Erkenntnis so formalisiert, daß man zwar mit ihnen umgehen lernt, aber eigentlich nicht mehr ganz durchschaut, was man handhabt.

Drei Bestrebungen können dem entgegenwirken:

1. Das Denken sollte seine Begriffe hart an den Tatsachen entwickeln (Phänomenologie, Symptomatologie).
2. Die gewonnenen Begriffe sollten im praktischen Leben angewendet und geprüft werden, damit ihre soziale Relevanz erfahrbar wird.

3. Das Arbeitsfeld sollte möglichst mit Hilfe des entdeckenden Lernens erschlossen werden.

Die zweite Aufgabe, bei der Eigentätigkeit geschult werden kann, ist die Auseinandersetzung mit der Welt durch praktische Arbeit. Sie wurde in ihren pädagogischen Auswirkungen in diesem Buch etwas ausführlicher charakterisiert.

Das Wesentliche aber ist das gelenkte und ausgewogene Zusammenwirken dieser drei Grundbedürfnisse der Individualität: Eigentätigkeit, Lernbegierde und Arbeit können am besten durch eine Orientierung der Schule am Leben in ein fruchtbares Wechselspiel gebracht werden. Erst wenn die Schule diese drei Ziele energisch ergreift, gelingt ihr eine Aktivierung und Schulung aller Fähigkeiten, die in der menschlichen Natur vorgegeben sind.

Schaut man in jene Zeit zurück, in der die Begründung der Waldorfschule realisiert wurde, so findet man ein gegliedertes Schulwesen, das noch stark durch die Unterrichtsformen des humanistischen Gymnasiums bestimmt wurde und das dadurch einen durchaus elitären Charakter hatte. Im Charakter dieser Schulform sah Rudolf Steiner einen wesentlichen Grund für das Defizit an sozialem Verständnis, das der Lösung der virulenten sozialen Fragen entgegenstand. Daraus entsprang die Forderung nach einer Einheitsschule. Diese Forderung mußte den Denk- und Verhaltensgewohnheiten der damaligen Zeit revolutionär, ja utopisch erscheinen. Daß sie durchaus realisierbar war, beweist die Entwicklung der Waldorfschulen. Deren Impuls zu einer Lebensschule wurde aber durch die damals gültige Gesetzgebung konterkariert beziehungsweise abgeschwächt.

Diese Grundimpulse der Waldorfschule sind keimhaft in einem Abschnitt eines Vortrags ausgeführt, den Rudolf Steiner am 11. Mai 1919 gehalten hat. Dort wird die Oberstufe (ab 9. Klasse) ins Auge gefaßt:

«Das Urteil der Menschen kann man erst pflegen vom vierzehnten Lebensjahre ab. Da müssen dann diejenigen Dinge im Unterricht auftreten, welche an das Urteil appellieren. Da können daher auftreten alle diejenigen Dinge, welche sich zum Beispiel beziehen auf die logische Erfassung der Wirklichkeit. Und Sie werden sehen, wenn in der Zukunft in den Bildungsanstalten zusammensitzt der Tischler-

oder Maschinenlehrling mit demjenigen, der vielleicht selber Lehrer wird, dann wird sich auch da etwas ergeben, was zwar eine spezialisierte, aber doch noch immer eine Einheitsschule ist. Nur wird in dieser Einheitsschule alles das drinnen sein, was für das Leben drinnen sein muß, und wenn es nicht drinnen wäre, würden wir in das soziale Unheil noch stärker hineinkommen, als wir jetzt drinnen sind. Lebenskunde muß aller Unterricht geben. Zu lehren wird sein auf der Altersstufe vom fünfzehnten bis zwanzigsten Jahre, aber in vernünftiger, ökonomischer Weise, alles dasjenige, was sich auf die Behandlung des Ackerbaues, des Gewerbes, der Industrie, des Handels bezieht. Es wird kein Mensch durch dieses Lebensalter durchgehen dürfen, ohne daß er eine Ahnung bekommt von dem, was beim Ackerbau, im Handel, in der Industrie, im Gewerbe geschieht. Diese Dinge werden aufgebaut werden müssen als Disziplinen, die unendlich viel notwendiger sind als vieles Zeug, das jetzt den Unterricht dieser Lebensjahre ausfüllt.

Dann werden in diesem Lebensalter aufzutreten haben alle diejenigen Dinge, die ich jetzt nennen möchte Weltanschauungssache. Dazu wird gehören vor allen Dingen Geschichtliches und Geographisches, alles dasjenige, was sich auf Naturerkenntnis bezieht, aber immer mit Bezug auf den Menschen, so daß der Mensch den Menschen aus dem Weltall heraus kennenlernen wird.»[1]

Diese vier Ziele charakterisieren die Strebensrichtungen einer Lebensschule. Der erste Abschnitt gibt Auskunft darüber, wann die Orientierung der Schule auf das Leben eine neue Wendung erfährt. Diese Wende ist von Rudolf Steiner später noch differenziert worden. Dabei erscheinen die Klassen 6 bis 8 als eine Art Propädeutikum für den neuen Einschlag, der mit der Pubertät dann voll einsetzt. Über einige Grundzüge dieses Propädeutikums später.

Als zweites Ziel erscheint eine spezialisierte Einheitsschule mit Beginn der eigentlichen Oberstufe. Es wird darauf Rücksicht genommen, daß mit der Erdenreife die jugendliche Seele mit ihren sehr unterschiedlichen vorgeprägten Fähigkeiten wirksam wird. Die auftretende Spezialisierung des Seelischen wird aufgegriffen und gestal-

1 Rudolf Steiner, *Geisteswissenschaftliche Behandlung sozialer und pädagogischer Fragen,* Vortrag vom 11. Mai 1919 (1. Vortrag über Volkspädagogik), GA Bibl.-Nr. 192, Dornach ²1991, S. 98).

tet. Wie diese Spezialisierung aussehen könnte, darüber geben zwei Konferenzen Auskunft[1] sowie der Vortrag vom 5.1.1922.[2] Dieser Vortrag wurde gehalten, obwohl die konkrete Gestaltung der Spezialisierung beim Aufbau der ersten Waldorfschule bereits 1920 an der damaligen Gesetzgebung erst einmal gescheitert war. In diesem Vortrag hält Rudolf Steiner produktiv arbeitende Lehrwerkstätten im Rahmen einer Schule für durchaus möglich.

Es ist nach dem Zweiten Weltkrieg in verschiedenen Anläufen versucht worden, den Bildungswert von Arbeit für die Pädagogik der Waldorfschulen zu nutzen, ohne daß sich daraus eine für alle Schulen verbindliche Form einer spezialisierten Oberstufe ergeben hätte. Statt Spezialisierung trat mehr in den Vordergrund des Interesses, den Bildungswert von Arbeit *allen* Schülern zugute kommen zu lassen. Der Gedanke notwendiger Spezialisierung wurde dagegen kaum stringent verfolgt. Dieses Feld zeigt eine noch zu bewältigende Aufgabe der Waldorfschule.

Das dritte Ziel wurde bisher so gut wie nicht verfolgt. Hier wird eine recht umfassende Wirtschaftskunde gefordert, deren einzelne Bereiche als Disziplinen (Fächer) ausgestaltet werden sollen. Einleuchtende Gründe für das Ausblenden dieses Zieles in der historischen Entwicklung der Waldorfschulen gibt es viele, unter anderem die Bildungstradition, die das Gebiet der Wirtschaft aus dem Bereich der Allgemeinbildung ausklammert. (Dasselbe geschah ja auch mit der berufsorientierten Bildung.) Die in dieser Bildungstradition aufgewachsenen Lehrer, denen die Voraussetzungen für das Gestalten eines solchen Lebensbereiches fehlten, die Lehrerbildung, die es nicht aufgriff, weil Wirtschaft nicht zum «gültigen» Bildungskanon gehörte, die eindeutige Zuordnung der Wirtschaftskunde zu einer spezialisierten Berufsbildung und so weiter.

Das Resultat ist, daß einfachste Fragen des Wirtschaftslebens von der Mehrzahl der Bevölkerung nicht durchschaut werden, obwohl

1 Konferenzen vom 16.1.1921 und 23.3.1921 in: Rudolf Steiner, *Konferenzen mit den Lehrern der Freien Waldorfschule in Stuttgart (1919-1924)*, GA Bibl.-Nr. 300/1, Dornach [4]1975, S. 255 ff. – Abgedruckt und kommentiert in: Erhard Fucke, *Grundlinien einer Pädagogik des Jugendalters*, Stuttgart 1991, S. 99 ff.

2 Enthalten in: Rudolf Steiner, *Die gesunde Entwicklung des Leiblich-Physischen als Grundlage der freien Entfaltung des Seelisch-Geistigen*, GA Bibl.-Nr. 303, Dornach [3]1978, S. 253 ff.

die Wirtschaft das Leben jedes Bürgers existentiell beeinflußt. Dieser Schizophrenie trat Rudolf Steiner mit seiner Schulkonzeption entgegen. Aber gerade das Ziel einer Lebensschule wurde am wenigstens verstanden, obwohl er vermerkt, daß die beobachtbaren sozialen Mißstände noch zunehmen würden, wenn es nicht verfolgt werde. Sind wegen der Schwierigkeit, diese Forderung praktisch umzusetzen, auch seine Anregungen für die 6. bis 8. Klasse als Vorbereitung für die zu gestaltenden Wirtschaftskundefächer nicht aufgegriffen worden? Sie seien im folgenden wenigstens aufgelistet.

1. Eine einfache Betriebslehre, die erhellt, was in den Betrieben, die sich in der Umgebung des Kindes befinden, vorgeht.
2. Die Überführung der Mathematik in die Besprechung des Bankwesens, also des Wesens des Geldes.
3. Praktische Mathematik mit den einfachen Elementen der Buchführung, also dem Hilfsmittel, sich Wirtschaftsprozesse bewußt zu machen.
4. Besprechung der Verkehrsverhältnisse, das heißt einer der Grundlagen des Güteraustausches, des Handels.[1]

Das vierte Ziel der Lebensschule deutet auf das, was Rudolf Steiner «Weltanschauungssache» nennt. Exemplarisch werden Geschichte, Geographie und die Naturwissenschaft erwähnt. Hier geht es um ein Verständnis des Menschen, das heißt seiner Produktivkraft, die sich in der Gestaltung dieser Lebensgebiete äußert. Die diesbezüglichen Fächer konnten ergänzt werden durch Deutsch, Mathematik, Kunstunterricht und so weiter.

Interessant ist, daß Rudolf Steiner auch die übende Tätigkeit in diesen Fächern, soweit das irgend möglich ist, ins Lebenspraktische münden lassen will. Er folgt damit seiner Generalforderung: Lebenskunde muß aller Unterricht geben. Es ist schon darauf hingewiesen worden, daß er von der Geschichte verlangt, daß sie vor allem Kul-

1 Eine Wirtschaftskunde für dieses Lebensalter vermittelt das Buch: Erhard Fucke, *Wirtschaften, was ist das?* Stuttgart 1994. Siehe außerdem: Ernst Schuberth, *Der Mathematikunterricht in der sechsten Klasse an Waldorfschulen.* Teil 1: Die Einführung der Algebra aus der Wirtschaftskunde, Stuttgart 1995. Die Buchführung wird aufgegriffen in der Veröffentlichung von Michael Brater und Claudia Munz, *Die pädagogische Bedeutung der Buchführung,* Stuttgart 1994.

turgeschichte vermitteln sollte. Die Entwicklung der Wirtschaft ist in ihrer Gänze ein Kapitel der Kulturgeschichte. Ihre Innovationen stammen aus dem Geistesleben.

Im Wirtschaften wird anschaubar, welche Bewußtseinsverhältnisse die Zeit regieren. Die Tatsachen des Wirtschaftens erhellen deutlich – wie sonst nur diejenigen der Kunstgeschichte –, in welchem Geist die Aufgaben gemeistert werden.

An der Kulturgeschichte kann eine weitere Forderung Rudolf Steiners, nämlich den Bezug geschichtlicher Ereignisse zur Gegenwart herzustellen, leicht erfüllt werden. Ein solches Konzept verlangt allerdings eine teilweise Neugestaltung des Geschichtslehrplans.

Im Deutschunterricht wird dieser Zug zum Lebenspraktischen fortgesetzt. Der Vorschlag lautet, Geschäfts- und Agenturberichte im Unterricht zu üben. Das setzt die konkrete Besprechung wirtschaftlicher Fakten voraus. Der Agenturbericht – eine Art Gutachten – soll zum Beispiel klären, wie die Wirtschafts- und Verkehrsverhältnisse in einer Region sind, welche Fähigkeiten die Bevölkerung besitzt, ob es ratsam erscheint, ein bestimmtes Unternehmen in der Region anzusiedeln. Es ist keine Frage, daß hierfür die Geographie Voraussetzungen schaffen muß.

Die Geographie kann man unter anderem als das Fach bezeichnen, das über die Naturgrundlage des Wirtschaftens aufklärt. Aus den geographischen Verhältnissen einer Region entwickeln sich die ersten Tätigkeiten einer Wirtschaft. Die Menschen greifen das auf, was die Natur ihnen bietet, und steigern durch menschliche Arbeit die Natur-Güter zu Waren. Der Absatz der Waren wird durch die Verkehrsverhältnisse gefördert oder gehemmt. Aus den geographischen Verhältnissen ergibt sich der von Menschen geschaffene Reichtum einer Region oder deren Armut.

Wird die Biologie ins Praktische gewendet, ergeben sich zum Beispiel Gesichtspunkte für den Ursprung allen Wirtschaftens, die Landwirtschaft, genauso wie Physik und Chemie in ihrer technologischen Umsetzung die Produktionsverhältnisse und Produktionsverfahren einsichtig machen.

Diese Bemerkungen, die sich beliebig vermehren ließen, sollen lediglich darauf hinweisen, daß das Feld, das Rudolf Steiner als Weltanschauungstatsache bezeichnet, durchaus ins Lebenspraktische gewendet werden kann. Es erfüllt dann die zentrale Aufgabe,

Lebenskunde zu vermitteln. Niemand wird behaupten wollen, daß damit die Erziehungsaufgabe dieses Bereichs erschöpft wäre, wohl aber, daß eine solche Behandlung im Unterricht dem Wesen der Sache nicht künstlich aufgepfropft werden muß. Die sozialen Auswirkungen zu erhellen, ist durchaus in der Sache begründet, auch wenn dieser Aspekt meist vernachlässigt wird.

Diese Andeutungen mögen genügen, um jene Sätze der referierten Vortragsstelle etwas mehr inhaltlich zu füllen: «Nur wird in dieser Einheitsschule alles das darinnen sein, was für das Leben drinnen sein muß – und wenn es nicht drinnen wäre, würden wir in das soziale Unheil noch stärker hineinkommen, als wir jetzt drinnen sind.» Mit diesem Urteil ist das innerste Ziel dieser Überlegungen charakterisiert. Wer realistisch auf die vier Forderungen blickt, weiß, daß ihre Verwirklichung unendlich viele Konsequenzen hat, die keineswegs leicht durchzusetzen sind. Die Forderungen ersetzen nicht die Gestaltung im Detail, sie können im besten Falle Begeisterung für die Gestaltung wecken.

Warum wurde dieser historische Exkurs an das Ende unseres Buches gestellt? Er soll darauf aufmerksam machen, daß es nicht genügt, wenn man aus den besten Absichten in der einen oder anderen Form den Bildungswert von Arbeit für die Pädagogik nutzt, indem man solche Vorhaben dem bisher praktizierten Lehrplan anfügt. Die Erfahrung lehrt, daß dann leicht nach kurzer Zeit der bisherige Lehrplan und die Formen praktischer Bildung auseinanderdriften.

Die Neugestaltung einer Lebensschule, also einer Schule, die den jungen Menschen im Leben wirklich behaust, muß alle Teile ihres Lehrangebots und die Methodik und Didaktik prüfen. Der Maßstab für diese Prüfung liegt in dem Ziel: Lebenskunde muß aller Unterricht geben. Solche Prüfung gebietet schon die einfache Tatsache der Ökonomie, welche das Bildungsangebot für den Schüler «erträglich», also bewältigbar gestalten muß.

Nur zu leicht werden solche Überlegungen als Angriff gegen jene Gestalt der Waldorfschule erlebt, wie sie sich geschichtlich entwikkelt hat. Deshalb scheint es nicht überflüssig zu betonen, daß es in der heutigen Waldorfschule Bildungselemente gibt, mit denen erfolgreich gearbeitet wird. Sie sollen gewiß nicht aufgrund der hier vorgestellten Überlegungen eliminiert werden.

Die Überlegungen wollen lediglich das Gesichtsfeld erweitern. Sie weisen auf Grundlagen der Waldorfpädagogik hin, die in der ersten Ausformung der Schulgestalt – aus welchen Gründen auch immer – nicht realisiert wurden. Ihr Anliegen ist es, die historisch gewordene Schulgestalt aus den Fundamenten der Waldorfpädagogik neu zu betrachten beziehungsweise zu solcher Betrachtung anzuregen.

Dabei ist jedes praktizierte Element des Lehrplans nach zwei Seiten – und zwar durchaus konkret – zu prüfen. Wie ist es über die gängigen Rechtfertigungen hinaus menschenkundlich vertieft zu begründen, und zwar so, daß bei solcher Prüfung die Grundlagen dieser Pädagogik berücksichtigt werden? Das könnte nur eine kontinuierliche, wohlüberlegte Lehrplanarbeit leisten.

Die zweite Frage, die mit Einschränkung gestellt werden muß, ist die Akzeptanz des Unterrichts bei den Schülern. Geht sie zurück, so ist das ein Indiz dafür, daß Lehrerbildung und Lehrerfortbildung neu zu überdenken sind. Denn die einzig fruchtbare Antwort auf eine solche Erscheinung wäre nicht, über eine Schülergeneration zu klagen oder über die Einflüsse der Zeit, welche die Pädagogik heute so unendlich erschweren, sondern über die Lehrer, die mit diesen Ereignissen nicht zurechtkommen. Wie ist das Lehrerverhalten neu zu bestimmen und qualitativ zu steigern, daß es Erziehungsdefizite auszugleichen in der Lage ist? Daß dies da und dort gelingt, ist doch ein zusätzlicher Beweis dafür, daß die Forderung erfüllt werden kann.

Schule steht heute vor einer ihrer größten Herausforderungen. Der vielzitierte Werteverfall zeigt doch deutlich, daß eine beklemmende Orientierungslosigkeit auf allen Lebensgebieten Platz greift. In dieser Tatsache liegt auch eine Chance. Hier wird nicht einer «Rettung alter Werte» das Wort geredet, sondern einer Neubegründung aus den augenblicklichen, geschichtlich gewordenen Bewußtseinsverhältnissen des Menschen. Dem muß eine nüchterne Bestandsaufnahme vorausgehen. Wird sie für die Einrichtung Schule durchgeführt, so zeigt sich, daß eine Reihe traditioneller Elemente deren Leben bestimmen, die offensichtlich ihren Bildungswert für die heutige Schülergeneration stark eingebüßt haben. Das kann an der Reaktion der Schüler und ihrem Verhalten abgelesen werden und macht allein schon eine Neubesinnung notwendig.

Indem der Bildungswert von Arbeit verdeutlicht wurde, geschah dies nicht nur, um dieses Element für eine allgemeine Bildung zu rechtfertigen. Die Ausführungen zeigen auch die Methode auf, mit der alle Elemente der Schule auf ihren Bildungswert voraussetzungslos geprüft werden können. «Lebenskunde muß aller Unterricht geben» ist keine theoretisch vorgegebene Prämisse, sondern sie ergibt sich aus einer eingehenden Betrachtung des Jugendalters, also aus einer menschenkundlichen Betrachtung.

Aber auch diese Menschenkunde muß – idealtypisch: jeden Tag neu – aus den jeweiligen Symptomen, welche die Jugendlichen zeigen, geschöpft werden, und zwar im Bewußtseins jedes einzelnen Lehrers. Nur dann wird sie zur gestalterischen Kraft im Unterricht. Wir leben in der merkwürdigen Zeit, wo auch das Beste verkommt, wenn es zur «starren» Regel wird. Denn in diesem Moment wird es zu einem Einschub in das Seelenleben, der vom Ich nicht mehr völlig beherrscht wird. Es führt neben der Person ein Eigenleben, das ihr die Spontaneität raubt. Damit trifft es auch nicht mehr den Kern der Persönlichkeit der Schüler, welche Hilfe für ihre Selbsterziehung erwarten.

Das entdeckende Lernen, auf den Lehrer angewendet, verlangt von diesem recht viel. Es zeugt von einer gewissen Risikobereitschaft, wenn er sich darauf einläßt. Er stellt nämlich das, was er an Erkenntnissen gewonnen hat, immer neu in Frage. Der Lehrer verordnet sich mit ihm immer neu Weltoffenheit. Nur wenn das eigene «Besitztum» in Frage gestellt wird, wenn dessen normative Kraft willentlich beseitigt wird, entsteht die Offenheit für die weiterführende Frage. Sie leitet zu einer gesteigerten Wahrnehmung, ist also Voraussetzung für ein eng an der Wahrnehmung gebildetes neues Urteil.

Die Zeichen der Zeit deuten daraufhin, daß alle bisherige, auf der normativen Kraft alter Werte beruhende Sicherheit verlorengeht. Was ehedem Übereinkunft war, wird durch individuelle Entscheidung in Frage gestellt, unter Umständen auch verworfen.

Keine Macht der Welt kann diesen Entwicklungsprozeß aufhalten, obwohl dies immer wieder im Rückgriff auf alte, von außen gesetzte Vorstellungen versucht wird. Das Resultat solcher Versuche sind soziale Auseinandersetzungen der verschiedensten Art.

Statt eines Rückgriffs erscheint ein Vorgriff auf Kräfte notwendig, die gerade diese Individualisierung stützen und fördern. Das entdekkende Lernen bündelt eine Vielzahl von Kräften, die diesem Anspruch standhalten.

Paradox formuliert: Die heutige Krise in der Erziehung ist die große Chance für die Lehrer, das Abenteuer der selbstgesteuerten Individualisierung einzugehen. Allerdings können auch die schwierigsten Umstände seines Berufes den Lehrer dazu nicht zwingen. Der Entschluß dazu muß von ihm selbst kommen.

Den Abschluß der Betrachtungen sollen zwei Bemerkungen Rudolf Steiners bilden. Auf dem Hintergrund der Darstellungen kann vielleicht die Auffassung sich einstellen, daß sie ungemein aktuell sind. Die erste lautet: «Der Lehrer sei ein Mensch der Initiative.» Die Initiative ist sicher der Kern und Motor des Individualisierungsprozesses. Die zweite: «Sie erziehen durch das, was Sie sind als Lehrer bzw. durch das, wozu Sie sich gemacht haben.» Wenn wir auf die Zeichen der Zeit nicht individuell antworten, wächst den Jugendlichen keine helfende Kraft zu. Wir werden durch diese beiden Sätze (ich meine aber auch durch die gesamte Darstellung in diesem Buch) zur Selbsterziehung des Lehrers geführt. Denn nur wenn er sich zeitgerecht verhält, kann er dem Schüler das vorleben, was dieser für seine Orientierung braucht.

ERHARD FUCKE

Grundlinien einer Pädagogik des Jugendalters

Zur Lehrplankonzeption der Klassen 6 bis 10 an Waldorfschulen
Menschenkunde und Erziehung 55
216 Seiten, gebunden

«Ein bestechend klar aufgebautes Buch hat Erhard Fucke vorgelegt, es zeugt davon, wie intensiv er sich mit der Frage der Erziehung, der Lerninhalte und der Entwicklung des Jugendlichen auseinandergesetzt hat.»

Ingo Mund / Mitteilungen der Rudolf-Steiner-Schule München-Daglfing

«Der Grundzug, der durch Fuckes ganze Darstellung hindurchgeht, ist die eindringliche und einprägsame Ausformung der beiden Seelenkräfte: *Hingabe* und *Distanz.* Die eine Kraft, die Hingabefähigkeit, drückt sich im Begehren und in der Aneignung der Welt aus; die andere, die Distanz, im Betrachten und Vorstellungsleben. Fuckes Anliegen ist es nun aufzuzeigen, wie der Wille in das Vorstellungsleben geschickt werden kann und wie umgekehrt das Vorstellungsleben lenkend auf den Willen einwirkt.

Stefan Leber / Die Drei

Verlag Freies Geistesleben

ERHARD FUCKE

Wirtschaften, was ist das?

Ein Lesebuch für Jugendliche zur Einführung in die Zusammenhänge des Wirtschaftslebens
236 Seiten mit zahlreichen Abbildungen, gebunden

«*Wirtschaften, was ist das?* bietet eine originelle, leicht verständliche und anschauliche Einführung in die Zusammenhänge des Wirtschaftslebens. Vor dem Leser öffnet sich ein breites Spektrum ohne jede Einengung. Das Phänomen Wirtschaft wird Schülern und Eltern in praxisverbundener Weise im echten Sinne allgemeinbildend und lebensvorbereitend erschlossen. Gleichzeitig steht dem Lehrer eine gediegene Materialhilfe für eine lebensverbundene Unterrichtsgestaltung zur Verfügung.»

Günter Wettstädt/ Forum

«Fuckes wirschaftskundliches Lesebuch ist ein markanter Beitrag in Richtung Aktualisierung des Waldorfschullehrplans. Sein größter Erfolg bestände darin, daß es vielen Lehrern Mut macht, einen längst fälligen Schritt nach vorn zu tun.»

Hermann Schöly / Mitteilungen der Rudolf-Steiner - Schule St. Gallen

Verlag Freies Geistesleben

MICHAEL BRATER / CLAUDIA MUNZ

unter Mitarbeit von
Paul Benkhofer und Erhard Fucke

Die pädagogische Bedeutung der Buchführung

Überlegungen und Erfahrungen zu ihrem Einsatz in der Waldorfschule
Menschenkunde und Erziehung 64
277 Seiten, gebunden

«Das lebendig geschriebene Lehrbuch für Lehrer befaßt sich neben einer Fülle von pädagogisch sowie geisteswissenschaftlich wichtigen Aspekten mit verschiedenen Grundsatzfragen wie:
(a) Wie kann das Fachgebiet *doppelte* Buchführung als Instrument zur Entwicklung der Bewußtseinsseele im Lehrplan der Waldorfschulen bestmöglich berücksichtigt werden?
(b) Inwieweit kann das Erlernen der *doppelten* Buchführung mit Erlebnisbezügen zu geistigen Impulsen einerseits und wirtschaftlichen Ausgangsbedingungen andererseits anschaulich gemacht werden?
…
Es bleibt zu wünschen, daß möglichst alle in der Oberstufe unterrichtenden Waldorf-Lehrer die Chance nutzen, sich mit der doppelten Buchführung als Erkenntnis- und sozialem Kommunikationsinstrument vertraut zu machen.»

Brüne Schloen / Die Drei

Verlag Freies Geistesleben